発達脳科学者が教える

子どもの自己肯定感は親のひと言で決まる！

成田奈緒子

PHP

あなたは子どもの「自己肯定感」を育てられている？

次の設問にYES・NOをつけてください。

①自分は「まあまあイケてる」と思う
②何かあっても「まあ、いいか。大丈夫」と思える
③笑顔でいることを心がけている
④睡眠時間は6～7時間とっている
⑤自分が夢中になれるもの・趣味をもっている
⑥ご近所さんなどママ友以外の人間関係がある
⑦「ありがとう」を意識して使っている
⑧子どもがかけた迷惑には「申し訳ありません」と謝っている
⑨子どもの前で人に親切にしている
⑩叱るべきところ・叱らなくていいところを分けている

⑪ 子どもの話を聞くときは「そうなんだ」と肯定から入ることが多い
⑫ 勉強・宿題・持ち物チェックは、基本子ども自身に任せている
⑬ 「すごくいいね」と認める場面を増やしている
⑭ 「どう思う？」という問いかけを子どもとの会話で意識している
⑮ 子どもの就寝時刻を毎日一定にしている

結果 **YESと答えられたのはいくつでしたか？**

13以上▼子どもの自己肯定感はしっかり育っています。このまま子育てしていきましょう！

9〜12▼なかなかナイスです。あとちょっと気をつければ子どもは自己肯定感の高い子に育っていきますよ！

4〜8▼自己肯定感育てはもうひと頑張り！　YESがつかなかった項目を意識して変えていきましょう。

0〜3▼自己肯定感育てはうまくいっていません。今日から頑張りましょう。

はじめに

自己肯定感は、近年とても注目されている言葉です。「わが子を自己肯定感の高い子にしてあげたい」と考える親御さんも大変増えています。

ところでこの自己肯定感ってどういうものでしょう？　そう質問すると、老若男女問わず「自分に自信がもてること」「自分をありのままでいい、と認められること」「自分を好きでいられること」という答えが返ってきます。

確かに、自分を好きになり、大切にできることは大事ですよね。でも小児科医として長く臨床を経験し、発達脳科学研究者としても活動してきた私からすると、この答えでは不十分です。

何が不十分なのかをわかっていただくために、私が見かけたエピソードをひとつご紹介しましょう。

ある日の電車の中でのこと。同じシートに某私立小学校の制服を着た低学年の男の子とお母さんが座っていました。次の駅に着くと、同級生と思しき女の子とお母さんが乗ってきました。その瞬間、男の子のお母さんがすっと立ち上がり、空いた席にはあとから乗ってきた女の子が無言で、当り前のような顔をして座ったのです。

ふんぞり返ってマンガを読む子どもたちを前に、母2人は子どもの分の荷物まで持ちながら、「宿題、ちゃんと入れた?」「あ、下書き消しゴムで消すの忘れてたね!」「水筒ここに入れるからね」と甲斐甲斐しく世話を焼きっぱなし。子どもたちは母の言葉などガン無視で、顔を見ようともしません。結局電車を降りるまでこの調子でした。

さて。この子たちは、間違いなく「自分大好きな人」になるでしょう。だって「自分は王様・女王様」として大切にされているのですから、自分は大事、自分は大切と思わないわけはありません。

では、彼・彼女が成長したとき、果たして「自己肯定感の高い人」になっているでしょうか?「そう思わない」と首を横に振った方、どうしてそう思いますか?

この子たちが獲得する「自分大好き」は、自己肯定感と言われているものとは違うと感じた方は正解です。

では、本物の自己肯定感とはどういうものか、そして本物の自己肯定感をもつ子どもに育ててあげるにはどうしたらいいか、何が必要なのか――。それを脳の育ちとあわせてお伝えしているのが本書です。

脳の育ちと自己肯定感の育ちは関係しています。子どもの脳を正しく育てていけば、じつはことさら自己肯定感を意識しなくても、子どもは本物の自己肯定感が育った、賢くて、生きる力のある人に成長していきます。

そのためには親御さんたちにもちょっと頑張っていただかなくてはいけませんが、頑張った分だけ、子どもは大きなものを返してくれます。

それを楽しみに、子どもの脳育てと自己肯定感育てをしてみてください。

成田奈緒子

第1章 自己肯定感の高い子にするために大切なこと

第2章　脳の成長・発達に合わせた自己肯定感の育て方

第3章 ケース別 脳育て&自己肯定感育てにつながる言葉かけ

第4章 親が変わると子どもの自己肯定感も変わる

自己肯定感の高い子にするために大切なこと

自己肯定感って何でしょう？

その自己肯定感の捉え方は50点かも？

　社会で生きていくために、とても大切な基本の力と言われているのが自己肯定感です。みなさんもわが子を自己肯定感の高い子にしてあげたいと思っていらっしゃることでしょう。

でも「自己肯定感って何ですか？」とたずねたとき、１００点の答えを返せる方はあまりいません。みなさんはどうでしょうか？　自己肯定感とはどういうものだと思っていますか？　ちょっと考えてみてください――。

　いかがでしょうか？

自分のことが大好きで、自分に自信をもっていること
自分を信頼して未知のことにも積極的にチャレンジできること
悪いところもいいところも含めて、自分をありのままに認められること
どんな状況のときもへこたれずに「自分は大丈夫」と思えること
落ち込んでも立ち直って自力で乗り越えられること

このように自己肯定感を捉えている方は多いと思います。

もちろん、いずれも間違いではありません。自己肯定感は、文字通り「自己」を「肯定」できる感覚を言うからです。

心理学でも自己肯定感を次の6つに整理しています。

- 「自分には価値がある」と思える（自尊感情）
- ありのままの自分を認める（自己受容感）
- 「自分にはできる」と思える（自己効力感）
- 自分を信じられる（自己信頼感）
- 「自分で決定できる」と思える（自己決定感）

・「自分は何か（誰か）の役に立っている」と思える（自己有用感）

ですから「自分が大好き」「自分に自信がある」「自分を認められる」「どんな状況でもへこたれずにチャレンジできる」「落ち込んでも立ち直れる」、こうした力が自己肯定感であるという解釈は間違いではないのです。

ただし「自己肯定感の高い子にしたい」とおっしゃる保護者の多くは、自己肯定感の解釈にとても重要な観点が抜け落ちています。言うなれば不十分、50点の解釈なのです。

では、何が足りないのでしょう?

それを説明する前に、まず「どうして自己肯定感が大切なのか?」について考えてみましょう。

自分で自分のことが100%できる人間はいない

自己肯定感は高いほどよいと考えられているのは、社会に出たあと、社会で生き抜くために欠かせない力の源になるものであり、〝自立して幸せに生きていく〟ためにに必要とされているからです。

社会で生き抜くために欠かせない力とは、たとえばコミュニケーション力、自制心や忍耐力、創造性や想像性、共感力や思いやり、困難があっても目標に向かってやり抜く力です。こうした力があれば、自立した幸せな人生を送れる可能性がぐんと高くなります。

さて、ここで注目していただきたいワードがあります。「社会」です。社会とは人が集まって成り立っているものですよね。その中で、自立して、幸せに生きていくために必要なことって何でしょうか？

そう、人とのつながりです。

自分で自分のことが100％できる人間なんていません。意識していなくても、誰もがどこかで何かしら人の力を借りています。

自分の力で稼ぎ、身の回りのことも自分ですべてできて、「私は経済的にも精神的にも〝自立〟した暮らしをしている」と思っていたとしても、その暮らしは多くの人の力や助けがあってこそ成り立っているものなのです。

「生計が立てられて、ご飯もつくれるし、自分で自分のことは何でもできます」と言っても、そこにはどれだけの人が関わっているでしょうか。

生計を立てるには働く場や環境を提供してくれる人が必要です。ご飯をつくるには、自給自足ですべてを賄っていかない限り、誰かがつくってくれたものを使わせてもらうしかありません。働くにしろ、暮らすにしろ、人は他者の存在なしにそれを成り立たせることはできないのです。

自立という言葉もそうですが、自己肯定感についての解釈に、この〝他者の存在〟が抜け落ちている方がたくさんいます。

「自分が大好き」「自分に自信がある」「自分を認められる」「どんな状況でもへこたれずにチャレンジできる」ようにしてあげることは、生き抜く力をつけていくうえで不可欠です。けれども同時に人と協調できる力も育ててあげなければ、社会で幸せに生きていくことは難しくなります。

自己肯定感を構成している感覚のひとつ、「自分は何か（誰か）の役に立っている」と思える自己有用感は、まさに人との関わりの中でしか高められないものです。

本当の自己肯定感とは？

自分のことがどれほど大好きでも、自分に対して揺るぎない自信をもっていたとしても、他者との関わりがうまくできなければ自己肯定感が育っているとは言えません。

自信満々で自分大好き、「自分はサイコー！」と思っているけれど、人の気持ちを汲み取ることができず、何事も自分中心、自分のやり方を押し通そうとするような人を「自己肯定感の高い人」とは言いませんよね？

たとえば、自分はグリーンピースが大っ嫌い。こんなもの世の中になくていいと思っているけれど、手づくりの夕食をご馳走になったとき、ご飯が豆ご飯だった。そんなときに堂々と「私はグリーンピースが苦手なので」と言って、つくってくれた人の目の前で豆だけを全部残して食べるような人はどうでしょうか？

どれほど自分が大好きで、自分で自分を認めていたとしても、相手のことを考えて行動できなければ、それはただの自己中心です。一見すると自己肯定感が高いように見えて、その実、独りよがりな自己の肯定なのです。

このように、自己肯定感の解釈が50点のまま子育てをしていけば、自己肯定感が自己中心に置き換わった人を育ててしまいかねません。

「苦手なものがあってもいい。そうした自分のマイナス点まで含めて、ありのままの自分を認められる子にしたい」だけでは50点。これでは真の自己肯定感を育ててあげることはできません。

本当の意味で自己肯定感の育った人とは、適度に相手の立ち位置を考えながら自分の態度を決められる人です。

ありのままの自分を認め、人前でもありのままの自分を出せることは大事ですが、だからといって「自分は自分でいい」をはき違えて、相手の目の前でグリーンピースを弾いてしまうような大人にしてはいけないのです。

子どもを自己肯定感の高い人にしてあげたいなら、「グリーンピース苦手なんだよな」と思いつつ、「せっかくおもてなしの気持ちでつくってくれたのだから」と相手の気持ちや立場に立って考え、嫌いなグリーンピースを頑張って食べて、「豆ご飯、とてもおいしいです」と言える大人に育てていくことが大切なのです。

「対自己」と「対他者」が揃って100点！

自分自身を長所・短所含めて肯定できて、なおかつ自分も相手も心地よいと感じられる関係がつくれること、人と協力し合ったり助け合ったりできること——すなわち「対自己」と「対他者」の2つが揃って、初めて100点満点の自己肯定感となります。

実際、自己肯定感を測るテストでは、「自己を受容できているか」「自己実現への態度はどうか」「充実感はあるか」といった自分自身について問う質問項目の他に、「人を信頼できているか」「人と積極的に関われるか」「人からの評価がどれくらい気になるか」を問う質問が必ずセットになっています。

「いかに他者との関係を保てるか」も、自己肯定感の中にしっかりと含まれているのです。

子どもの自己肯定感を高めたいと考えている方は、ぜひここを勘違いしないでいただきたいと思います。

他者との関わりを自分で考えて行動できるようにしていくことも、自己肯定感が高い子どもを育てるにあたって不可欠です。

友人を含め、自分は社会に対して有意義な関わりがもてているし、周りからも関わりがもたれているという確信が自己肯定感を高めていきます。

自分が大好きな子になってほしい、自分で自分を認められる子になってほしいと思うあまり、「自分で自分を」のほうにばかり子育ての意識が向いてしまい、人との関わり方を教えてあげられていない保護者は少なくありません。

自分が好きであると同時に、他者との関係を保てる人に育てていくことも、自己肯定感の高い子にしていく大切なポイントであることを、ぜひとも忘れないでください。

目標は「まあ、いいか」「大丈夫」と思える子にすること

困難から立ち直る力も自己肯定感から生まれる

自分が好きで、自分に自信がもてることに加えて、「子どもにはどんな状況でもへこたれず、立ち直って何回でもチャレンジできる人になってほしい」と思っている方は多いことでしょう。

ここで言う「どんな状況でもへこたれず、立ち直って何回でもチャレンジできる力」を、専門用語ではレジリエンスと呼びます。

近年、子どもの中のレジリエンスを高めることは、将来社会に出たときに、その中でうまく生きていくために大変重要だと言われています。

人生は楽しいこと、うまくいくことばかりではありません。トラブルや心が折れそうな体験が必ずや訪れます。そうしたストレスフルな出来事に遭遇した

とき、うまく乗り越えることができなければ、ストレスに負けて心や体の不具合・病気につながってしまう可能性があります。そこまで至らなくても、挫折から立ち直れずに生きる意欲を失ったままの状態が続きかねないでしょう。

そのような状態にしないためにも、自己肯定感の高い子にしておいてあげることは大切です。レジリエンスは自己肯定感ともつながっているからです。

「自分は大丈夫」「まあ、いいか」で肯定的に乗り切れる

自己肯定感が低いと自分を信頼することができなくなります。自分を信頼できなければ、自分の力を信じて困難や逆境を乗り越えていけません。つまり自力で立ち直れる力をつけてあげるためにも、どんな状況のときもへこたれずに「自分は大丈夫」と思える力を育てていくことは重要です。

子育てで大事にしていかなければならないことはたくさんありますが、6歳までの間に育てておきたいことのひとつが、この「自分は大丈夫」の感覚と、もうひとつ「まあ、いいか」と思える心です。

「自分は大丈夫」と「まあ、いいか」の2つの柔軟な心を小さいうちからしっ

かり育てておくと、落ち込んだり、失敗したり、大きな穴に落とされたような気分になったりしたとき、「失敗したって死ぬわけじゃないし」「○○できなかったけれど、まあ、いいか。次は何とかなるさ」「自分なら大丈夫。次はできる」と肯定的に思うことができます。つまりはレジリエンスの高い人になっていくのです。

周りがきっと助けてくれると思えることも大事

しかしながら、ここでも勘違いをしてはいけません。自分で立ち直れる力があることだけがレジリエンスの高さではないからです。

困難に直面したとき、自分ひとりの力では乗り越えられない場面、解決できない場面というのも当然出てきます。そうした場面で、周りに助けを求められる力＝ソーシャルスキルもレジリエンスの重要な要素のひとつです。

「落ち込んでも自分でまた立ち直ることができる力」に加えて、「落ち込んでいる、困っている自分を周りの人たちはきっと助けてくれるに違いないと信じる力」もレジリエンスには不可欠なのです。

それには「自分が困っていたら周りに協力してもらうことができるんだ」という確信が、子どもの中に育っている必要があります。自己肯定感の残り半分の部分、すなわち人と関われる力がレジリエンスを高めるうえでも大切になってくるのです。

自分を信頼し、人を信頼できる子は、困ったことやイヤなことが起こったとき、まずは「大丈夫、何とかなる」と考えて自分で解決し、乗り越えようとします。

同時に「もしダメでも、きっと誰かが助けてくれる」と信じて、自分の力だけではどうにもできないことには、気持ちよく周りの力を借りることができます。

また、それが可能であることがわかっているので、いたずらに不安を感じたり、パニックになったりすることも少なくなります。もちろん、できないことを誰かや何かのせいにして攻撃したり、怒りを爆発させたりといったことも少なくなっていくでしょう。

感情が安定することで人との関係も良好につくれるようになりますから、自己肯定感もレジリエンスも、他者と関わりながら、さらに向上させていけるようになるのです。

そのような好循環につながっていくための種となるのが、「大丈夫」と「まあ、いいか」の2つの心です。ただし「大丈夫」と「まあ、いいか」は、すぐには子どもの中に育ちません。子どもの心の育ちには、年齢に応じた発達の段階があるからです。

自己肯定感が高く、立ち直る力もある子にしたいのであれば、子どもの発達に合わせて親が関わっていくことが大事なのです。

脳の育ちと自己肯定感は関係している

「心」や「気持ち」は脳がつくっている

「大丈夫」と「まあ、いいか」の2つの柔軟な心を育ててあげられたら、自己肯定感もレジリエンスもうまく育っていくと前述しましたが、この「心」を育てるために考えていかなければならないのが脳との関係です。

心とは何かを考えていくと、行き着く先は「脳がつくっているもの」になります。

心の解釈や定義はいろいろありますが、好き嫌いや快・不快、不安、怒りといった情動、喜怒哀楽の感情、状況や相手の気持ちを理解して行動する、やさしさや思いやりを発揮するなど、私たちが気持ちや心と呼んでいるものはすべて脳からつくり出されているからです。

小児科医であり、発達脳科学研究者でもある私は、常々「子育てとは脳育て」と言っています。生まれたときから脳をしっかり育てておいてあげれば、悩み多き思春期が来ても、成人して社会に出てからも、自分を信じ、人を信頼して生きていくことのできる自己肯定感の高い人に成長していきます。

また脳が健全に育っていけば、親がことさら口うるさく言わなくても、自分で考え、行動できるようになっていきます。放っておいても自立した賢い人に成長していってくれます。

いっぽうで脳育てには、とても大事なコツがあります。

それは、脳の成長・発達の順番に合わせて段階的に育てていくことです。この順番を間違えたり、段階を飛び越えたりすると、脳はきちんと育ちません。心の成長にも影響が出てきてしまいます。

自己肯定感も同様です。脳の成長・発達に合わせて、基本的な自己を育てる時期と他者との関係をつなげていく時期とを、段階的に育てていく必要があります。

というのも、脳の中で自己肯定感が大きく関係しているのは、おでこのあたりにある「前頭葉(ぜんとうよう)」と呼ばれる場所で、ここが育ってくる年齢は10歳以降、脳の中で最後に成長していく場所だからです。

この前頭葉をちゃんと働かせるためには、10歳までの間に脳の他の部分をしっかり育てておかなくてはいけないのです。

脳は2階建ての構造になっている

脳に「古い脳」と「新しい脳」の2つがあるということは、みなさんもご存じでしょう。

脳育ては脳の成長・発達の順番に合わせて段階的に育てていくことが大事と言いましたが、何よりもまずしっかり育てておくべき脳が、「古い脳」と呼ばれている場所です。

脳は「古い脳」を包むようにして「新しい脳」が広がっています。わかりやすく例えると、2階建ての家のようなもので、土台まで含む1階部分が「古い脳」、2階の部分が「新しい脳」という構造になっています。

この世に生まれ落ちてからの人間の脳の育ちは、古い脳から始まり、新しい脳へと移っていきます。この順番は絶対に変わりません。2階部分を支えるための土台と1階部分をある程度しっかりつくってから、上の階をつくり始め、上と下をつなぐ階段&電気を灯すための配線をつけて完成となるのです。

「古い脳」とは、脳の部位で言うと「大脳辺縁系（だいのうへんえんけい）」や「視床下部（ししょうかぶ）」「脳幹（のうかん）」と呼ばれる部分が集まっているところ。ここは、自律神経の働きに基づく睡眠、食欲、呼吸など、生命を維持するための重要な機能を担っています。

また本能も備わっていて、怒りや恐怖といった動物的感情もここから生まれます。個体として生きていくために必要不可欠な生命維持装置が古い脳ですから、すべての動物がこの脳をもっています。

対する「新しい脳」は、「大脳新皮質（だいのうしんひしつ）」と呼ばれている部分です。

ここは言語、知能、全身運動、指先などを使った微細運動の機能を司っています。みなさんがイメージする「勉強ができる」「英語が話せる」「スポーツが得意」「ピアノが弾ける」などの脳の機能は、この新しい脳の働きです。

自己肯定感と関係してくる前頭葉も新しい脳の一部で、思考、判断、理解、感情のコントロールといった、人間ならではの高度な働きを司っています。

第一目標は生活のリズムを脳に身につけさせること

私は、生きるための脳である古い脳を〝からだの脳〟、知能や言語、思考や感情のコントロールなどを司る新しい脳を〝おりこうさんの脳〟と称しています。そして1階と2階をつなぐ階段でもあり、脳全体に電気を灯す配線でもある脳の回路を〝こころの脳〟と名づけています。

脳は子どもの年齢に応じて〝からだの脳〟→〝おりこうさんの脳〟→〝こころの脳〟と3ステップで成長していきます。ですから子育てで親が真っ先にしてあげなければいけないのが〝からだの脳〟をちゃんとつくることなのです。

〝からだの脳〟が育っていく時期は、0歳から5歳ぐらいまで。この時期は、寝て起きて、体を動かして、お腹が空いたらご飯を食べてという生活習慣、生活リズムをしっかり脳に身につけさせることが第一目標です。

具体的には、次の5つがあげられます。

・夜8時までに必ず寝かせる
・太陽が昇る時刻に起こす
・お腹が空いたらしっかりご飯を食べさせる
・体を適度に動かして反射神経を鍛え、身を守れるようにする
・暑さや寒さなどの環境変化に応じて自律神経が働く体にする

こうした体をつくってあげることが親の最大の役目なのです。
もちろん「自分はここにいていい」「自分は守られている、愛されている」

といった絶対的な安心感を与えるために、ハグやスキンシップをしたり、「大好きだよ」「大切だよ」とメッセージを伝えたりすることも重要です。

親から与えられる絶対的な安心感は、「自分が好き」「自分は大丈夫」の心を育み、自己肯定感を高めていく中心部となっていくからです。

けれども大事にする順番として、それは2番目。まず優先すべきは、しっかりとした体づくりと、そのための生活リズムを整えることなのです。

“からだの脳”づくりが自己肯定感の出発点

私の考える親の愛情とはじつにシンプルで「最初の5年間にきちんと機能する体をつくってあげることが愛情の根本」と伝えています。「ですから、そこはしっかり根性を入れて育ててください」とも伝えています。

体づくりは家に例えると基礎の部分を固めること。基礎さえ揺るぎないものにしておけば、家が倒れることはまずありません。

多くの方が間違ってしまうのは、土台部分を固めきらないうちに、ほめて育てる、何事においても子どもの自主性を認めて育てる、あるいは早期教育を始めるなど、2階の部分をつくり始めようとしてしまう点です。

ほめ育てや早期教育、幼児教育が悪いとは思いませんが、これらを優先順位の1番目にもってきてしまうと、基礎と1階部分が脆弱（ぜいじゃく）なのに、2階部分は異様に大きい不安定な家を建てることになってしまいます。

自律神経が正しく働くように、〝からだの脳〟が機能する生活リズムをつくっておかないと、〝おりこうさんの脳〟と〝こころの脳〟も順調には育ちません。

でも、そこさえちゃんとつくっておけば、特別なことをしなくても脳はスムーズに成長していきます。その結果、前頭葉が本格的に育ち始める10歳以降、親の手をほとんど借りずとも自分の力で育つことのできる、賢くて、自己肯定感の高い子になっていくのです。

脳の成長・発達に合わせて、脳と自己肯定感をどのように育んでいけばよいかについては次の第2章に詳細を譲りますが、〝からだの脳〟づくりがスタートである点は覚えておいてください。

日本の子どもたちの自己肯定感が低い理由

日本の子どもは自己肯定感も幸福度も低い!?

耳にしたことがあるかもしれませんが、今、日本の子どもたちの自己肯定感の低さがいろいろなところで問題視されています。

子どもたちの自己肯定感の度合いについては、これまで国際比較調査や国内の意識調査などでさまざまな調査が行なわれてきました。そのいずれの調査でも、日本の子どもたちの自己肯定感の低さが示されています。

また2020年に国連児童基金（ユニセフ）が報告した「子どもの幸福度ランキング」でもショッキングな結果が出ています。日本は38カ国中、「精神的幸福度」が37位とワースト2位でした。

高い自己肯定感も、精神的な幸福感ももてずにいる。どうして日本の子どもたちはこうした状況に陥ってしまっているのでしょうか。

いろいろな原因や理由が絡み合っているとは思いますが、大きな要因としてひとつ考えられるのが生活の質の悪さです。具体的には睡眠がしっかりとれていない子どもが増えていることです。

「たかが睡眠で？」と考えてはいけません。睡眠は体と脳の大切なリセット時間です。

寝ている間に脳からはさまざまなホルモンが分泌され、体を修復したり、脳を休ませたりして、心身が健康であるように調整が行なわれています。就寝時間が遅くなり、睡眠時間が不足したり、睡眠の質が悪化したりすれば、心身が健康的でいられないのは自明の理なのです。

とくに子どものうちは、「しっかり寝ること」が脳と心を育てるうえでも不可欠です。「寝る子は育つ」と昔から言われますが、科学的にも「しっかり寝られている子のほうが体も心も元気に育つ」ことは証明済みです。

また自己肯定感も睡眠の質の善し悪しと関係しています。

夜しっかり寝て、朝はきちんと起きる。このリズムがとれていないと、心が落ち込みやすくなり、自己肯定感も上がっていかないこと、他人への恐怖心も強まることが多くの調査からわかっているのです。

寝る時間が遅いほど子どもの自己肯定感は低くなる

私たちが都内の公立小中学校に協力してもらって実施したアンケート調査でも、睡眠の質と体・心の健康状態との相関が見事に浮かび上がりました。

塾や習い事が多く、親も忙しい今の子たちですから予測はしていたものの、平均就寝時刻は小学生が21時55分、中学生が23時28分と、やっぱり遅寝です。

アンケートでは、20項目の質問で体の状態と心の状態をたずねました。その結果を、小学生で「23時よりも前に寝た子」と「23時よりあとに寝た子」、中学生で「24時よりも前に寝た子」と「24時よりあとに寝た子」に分けて比べたところ、寝る時間が遅い子ほど、体の不調も心の不調も多いことがはっきり示されました。なかでも自己肯定感と関連する心の項目では、就寝時刻が遅い子のほうが明らかに悪い結果となっています。

小中学生の睡眠と体・心の健康状態

（子育て科学アクシス「小学生就寝時刻23時分けの心身に関する質問の結果」「中学生就寝時刻24時分けの心身に関する質問の結果」心に関するアンケート抜粋）

小学生

はい　いいえ　（単位：%）

人の役に立っていると思う

	はい	いいえ
23時より前に就寝	63.5	36.5
23時以降に就寝	50.9	49.1

私なんかいない方がいいと思う

	はい	いいえ
23時より前に就寝	6.8	93.2
23時以降に就寝	15.8	84.2

やればできると思う

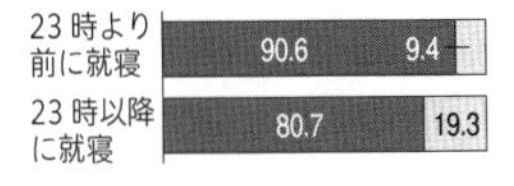

イライラする

	はい	いいえ
23時より前に就寝	21.3	78.7
23時以降に就寝	38.6	61.4

やる気がしない

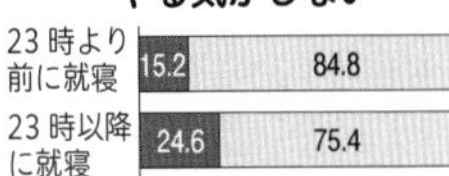

学校は楽しいと思う

	はい	いいえ
23時より前に就寝	88.7	11.3
23時以降に就寝	84.2	15.8

人と話すのはイヤだ

	はい	いいえ
23時より前に就寝	4.8	95.2
23時以降に就寝	12.3	87.7

家は楽しいと思う

	はい	いいえ
23時より前に就寝	96.1	3.9
23時以降に就寝	94.7	5.3

困ったことや心配なことを話せる人がいる

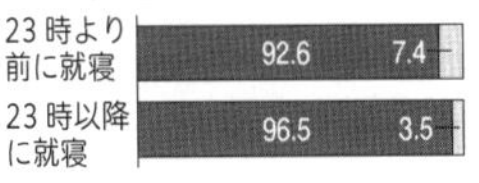

自分のことが好きだ

	はい	いいえ
23時より前に就寝	77.4	22.6
23時以降に就寝	71.9	28.1

中学生

はい　いいえ　（単位：%）

人の役に立っていると思う

	はい	いいえ
24時より前に就寝	55.2	44.8
24時以降に就寝	47.8	52.2

私なんかいない方がいいと思う

	はい	いいえ
24時より前に就寝	10.9	89.1
24時以降に就寝	14.8	85.2

やればできると思う

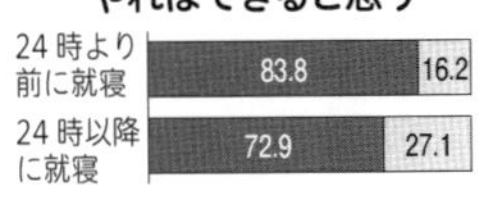

イライラする

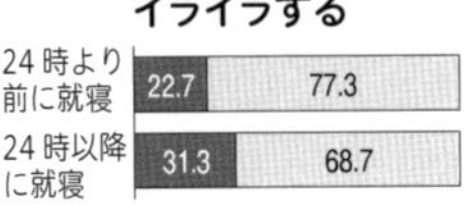

やる気がしない

	はい	いいえ
24時より前に就寝	29.4	70.6
24時以降に就寝	38.2	61.8

学校は楽しいと思う

	はい	いいえ
24時より前に就寝	86.2	13.8
24時以降に就寝	80.2	19.8

人と話すのはイヤだ

	はい	いいえ
24時より前に就寝	6.6	93.4
24時以降に就寝	10	90

家は楽しいと思う

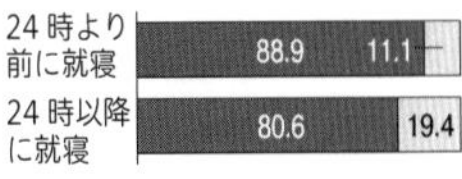

困ったことや心配なことを話せる人がいる

	はい	いいえ
24時より前に就寝	90.9	9.1
24時以降に就寝	89.1	10.9

自分のことが好きだ

	はい	いいえ
24時より前に就寝	64.2	35.8
24時以降に就寝	51.6	48.4

小学生の場合、差が大きかったのは「私なんかいない方がいいと思う」「やればできると思う」「イライラする」「やる気がしない」「人と話すのはイヤだ」といった項目です。

寝る時間が遅いほど、小学生の時点ですでに「自分なんかいないほうがいいし、やればできると思わない」とネガティブに考え、「人と話すのがイヤ」と他者との関わりにも消極的な子が増えてくることがわかります。

中学生になるともっと悲惨です。心の質問項目10項目のうち、寝る時間がはやい子と差のない項目のほうがわずかという結果になっています。とくに目をひくのが「自分のことが好きだ」「人の役に立っていると思う」の、まさに自己肯定感に直結する項目の結果が悪いことです。

睡眠が短いと、自己肯定感が育ち、高まるはずの時期に、相当まずい状態になってしまうことがおわかりいただけるのではないでしょうか。

この調査は特定の区の子どもたちを対象としていますが、小中学生が置かれている現状は全国似たようなものです。全般的に今の子どもたちは、生き物がもっている本来の眠りのリズムからズレた生活をしています。

それが日本の子どもたちの自己肯定感の低さにつながっていると考えるのは、あながち間違いではないでしょう。

必要なのは家族以外の大人との関わり

日本の子どもたちの自己肯定感が低い理由としてもうひとつ考えられるのが、他者との関わりの問題です。

自己肯定感やレジリエンスは、他者との関わりなくしては完成しないと述べてきましたが、今の日本の子どもたちが危機的状況となっているのは、「誰かが助けてくれるに違いない。だから自分は何とかなる」という部分の自信が薄くなってしまっているからだと感じます。

親御さんたちは、同じ年頃の友だちと仲よくさせたいから公園に連れていく、知育教室やスイミングスクールに連れていく、サッカー教室に入れるなど、同年代の友だちと関わらせることには熱心です。

でも幼児期の子どもは自分しかない自分中心の世界を生きています。人のことを考えて行動する脳が育っていないので、そうした子どもばかりが集まっても人と関わる力は身についていかないのです。

必要なのは家族以外の大人との関わりです。端的に言って日本の子どもは、ここがとても少なくなっていると思います。子どもに限らず、親御さんたちもそうですね。ママ友とは付き合っているけれど、ご近所さんとの付き合いをしているとおっしゃる方は多くありません。

たとえばみなさんはお裾分けってしていますか？　いただきものがたくさん過ぎて余ってしまったとき、食べ物をたくさんつくり過ぎてしまったとき、ご近所さんたちに分けて配るアレです。

わが家の話になりますが、たくさんいただきものをしたときは、ご近所さんへのお裾分けを娘に持っていかせていました。子どもが持っていくと、ご近所の方たちも「あら、わざわざ持ってきてくれたの？　えらいわねぇ！　うれしいわあ！」と、帰りに倍返しでお返しを持たせてくれたりします。

そうやって身近な大人に喜んでもらい、ほめられて、なおかつ家に戻ってくると、親からも「そんなにいっぱいお返しをくれたの⁉　お母さんは何ももらえなかったのに、きっとみんなからカワイイと思われてるんだねー」と言ってもらえる。

こうした経験をひとつでも多くすることが、子どもの中に他者とも関われる自己肯定感を育てていくことになります。

気づかなかった自分のよさを発見できることも

私のもとには、子育てや親子関係の悩みを抱えている方、子どもが不調に陥ってしまった方などが数多く相談に来られます。話や状況を伺っていてつくづく感じるのが、親自身も人との関わり方があまり上手ではない方が多いということです。

人とのつながりが薄いことで、「自分がちゃんとやらなきゃ」と、子育てをひとりで抱え込もうとしている方が本当に多いのですが、親も人間です。100%完璧な子育てなんてできません。

子どもの脳と体と心を健やかに育て、自己肯定感の高い子にしていくことは親の大事な役割ですが、親の力には限界があります。完璧になんてできませんし、人の力を頼ってもいいのです。むしろ家族以外の誰かの関わりによって、子どもがもっと成長するということだってあります。

これもわが家の話で恐縮ですが、私が仕事をもっていて帰宅時間が不規則だったこと、夫が単身赴任だったこともあって、「夜8時には絶対に寝かせる」生活を死守するために、娘は4歳ぐらいから2人のベビーシッターさんのお世話になりました。

それぞれのシッターさんが親とは異なる自分なりの視点で関わってくれたことで、親だけでは教えきれないことを娘はたくさん学ぶことができました。

娘は2人のシッターさんたちに育ててもらったようなものです。すでに成人している今も、ことあるごとに「いや〜、本当に2人に育てられたよね」と感謝の言葉を口にします。「お母さんは自分の人生を生きてたよね（笑）」の余計なひと言を添えて。

親だけでは足りない部分を他の大人が補ってくれるからこそ、親の気づかない自分のよさを、子ども自身が発見できることも少なくありません。そこから「自分は大丈夫」の気持ちがよりもてるようになったりするでしょう。

また、自分のしたことで周りの大人から喜ばれたり、感謝されたり、ほめられたりすることは自信にもなりますし、人と関わることのうれしさを味わうことは、人への信頼にもつながります。

いろいろな大人と関わる体験には、子どもの成長や自己肯定感にプラスとなってくれる場面がたくさんあります。ですから社会の中で生きていく力＝自己肯定感を子どもの中にしっかり育てていくためにも、いろいろな大人と関わることをぜひ意識していただきたいと思います。

コラム

やってみよう！ 子どもに伝えたいことが届く声トレ1

キャッチボールで声トレ

何度言っても言うことを聞かない、と悩んでおられる方は多いと思います。子どもに的確に伝えるには「子どもが理解できる言葉選び」の他に、「声の出し方」を工夫することが大切です。

ボールをふわっと投げるように言葉を相手に届けることを意識しましょう。それには向かい合い、目を見ることが大切になりますね。子どもが言うことを聞かないと感じるとき、子どもがそっぽを向いていたり、何かに夢中になっていたりして、目を見て話せていないことが多いものです。「ふわっと」というのもポイント。とげとげしいきつい直線的な声ではなく、やさしくマイルドで放物線を描くような声で話しかけましょう。

1. 実際に柔らかいボールを投げ合いながら言葉をかけ合います。ふわっと投げたボールに言葉を乗せるイメージでキャッチボールをしましょう。
2. ボールを投げ合う振りをして、言葉をかけ合います。ボールの軌道をイメージしましょう。
3. 1、2がうまくできたら、何もしないで言葉をかけ合います。言葉が直線的にならず、ふわっとやさしく届くようにイメージしましょう。

脳の成長・発達に合わせた自己肯定感の育て方

3つの脳が育てば自己肯定感も自然に育つ

0〜5歳の自我は後の自己肯定感の土台

脳は、子どもの年齢に応じて〝からだの脳〟→〝おりこうさんの脳〟→〝こころの脳〟と3ステップで成長していくと第1章でお話しました。この章では改めて、脳の育ちに合わせて、どう自己肯定感を育てるかについて触れていきましょう。

生まれたばかりの0歳から、小学校入学前の5歳ぐらいまでの間に育っていくのが、古い脳をベースにした〝からだの脳〟です。極端な話、この脳さえしっかり育てておけば、他の2つの脳は放っておいても自然に育つと言ってよいぐらいです。

脳が発達する順序

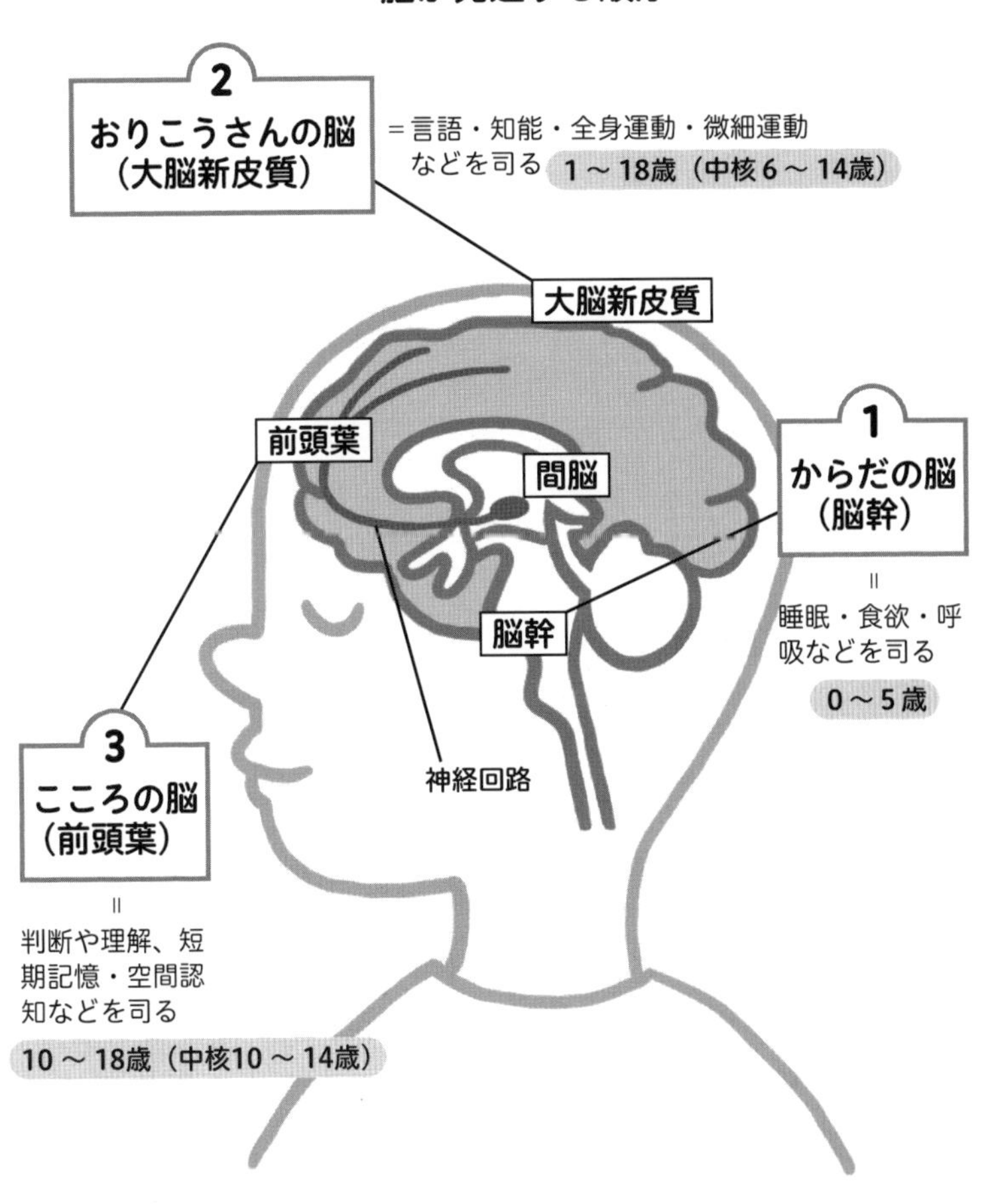
2
おりこうさんの脳
（大脳新皮質）
＝言語・知能・全身運動・微細運動
などを司る
1 ～ 18歳（中核6 ～ 14歳）
大脳新皮質
前頭葉
間脳
1
からだの脳
（脳幹）
＝
睡眠・食欲・呼
吸などを司る
0 ～ 5歳
脳幹
神経回路
3
こころの脳
（前頭葉）
＝
判断や理解、短
期記憶・空間認
知などを司る
10 ～ 18歳（中核10 ～ 14歳）

この脳が育っている時期は、「寝て・起きて・ご飯を食べて・体を動かす」ことが脳育ての基本です。生活リズムを整えることに全力を集中するだけですから、すべきこともシンプルです。キーワードは「早寝・早起き・朝ご飯」。夜になると自然に眠くなり、朝は元気に起きられて、おいしくご飯が食べられる体をしっかりつくってあげるだけです。

あとは、たくさんのスキンシップとやさしい声かけで、安心感につながる親子の愛着関係を大切に築いていきましょう。

働いている親御さんの場合、保育園から連れて帰ってくると6時や6時半ですから、子どもを8時までに寝かせるのは大変と感じてしまうかもしれません。でも「8時に寝かせる」ために、夕ご飯が手抜きになったり、お風呂が2日に1回になったりしてもいいのです。

最優先にすべきは決まった時間に寝かせて、眠れる脳にしておくこと。これは大きくなってからも重要です。

睡眠がしっかりとれていると、セロトニンという脳内物質を分泌する機能が十分に育ちます。セロトニンは不安や恐怖、イライラといった心の不調を和らげる働きをしてくれるので、分泌機能がちゃんと育つことで「まあ、いいか」「大丈夫」と思える脳になっていきます。

自己肯定感の基礎となる「自我」は2歳頃から芽生えてきますが、この年代の脳は、まだまだ「古い動物の脳」、つまり〝からだの脳〟が全開で働いている状態です。「不安、怒り、恐怖、衝動性」といった原始的な心の動きも、この脳から生じています。

ですから自我も、「地球は自分を中心にして回っているんだ」ぐらいの勢いで、とことん自分中心です。自分がイヤだと思ったらとにかくイヤ、思い通りにいかないと怒り爆発で泣きわめくことが増えて、親としては手を焼く場面が出てきます。でもこれが0～5歳の子の正常な発達なのです。

この時期、原始的な本能に任せてワアーッと自分を出し、「自分がいちばんエライ」「自分ってサイコー!」とばかりに自我を全開にさせるのは、その後完成されていく自己肯定感の根っことなります。

自分をいっぱい出して、それをありのままに認められることで子どもは、

「自分は自分でいい」と思えるようになっていくのです。

ですから、自分がいちばん大切という原始的な自己肯定感を「言うことを聞かない」「わからずやでワガママ」と捉えて言葉で叱りつけないようにしましょう。基本的には「この時期はこういうもの、動物と同じ」と考えて見守ることが、自己肯定感を育てていくための親のスタンスです。

いっぽう年齢が上がるにつれて、時々かもしれませんが、親の言うことを聞いて我慢ができたり、持っているお菓子を誰かに分けてあげたりすることができるようになります。4~5歳ぐらいになると「ママ疲れてるから、肩もんであげるね」と、やさしさや思いやりを出せるようにもなります。

そうしたときは、ここぞとばかりに「よく我慢できたね」「わあ、やさしいね。うれしいなあ」とほめたり感謝したりして、ギュッとハグをしてあげてください。自制心や人を思いやる気持ちはこうしたところから育まれていくからです。

この時期に気をつけたいことがあります。本能のまま行動することが減り始め、言葉でのやり取りもそこそこできるようになり、人間らしさが増してくることで、子どもに求めるものがいきなりレベルアップしがちです。

たとえば自分に自信がもてるようにしてあげなきゃと、「字が書けて、簡単な計算ぐらいはできる子にはやくしておきたい」「かけっこでも何でも負けずに頑張れる子にしたい」「自分からお遊戯会の主役に手を挙げるような積極的な子にしたい」など、子どもの個性や脳の成長を考えないで無理をさせるケースが出てきやすくなるのです。

どれも親御さんが、「自分に自信がもてる」をはき違えて捉えてしまっているからですが、5歳までにもたせてあげるべきなのは、「自分はここにいていいんだ」という自信です。人間らしさは増しているものの、年代的にはまだまだ本能中心ですから、自己肯定感育てでは「その子のあるがままを丸ごと受け止める」ことをいちばんにしてください。

本能丸出しで大騒ぎする子でも、モジモジして引っ込み思案の子でも、「静かにしていられないあなたはダメ」「なんで自分から手を挙げられないの？」と言われることなく、あるがままを親に受け入れてもらえること。これが自己肯定感の根っこになります。乳幼児期の自己肯定感育ては、「自分はここにいていい」という自信さえできていればいいのです。

レジリエンスにつながっていく「安心感」と「大丈夫と思える気持ち」も、この時期から育てていきましょう。

たとえば転んでひざをすりむいて泣いているとき、2歳なら「痛いの痛いの飛んでけ〜。飛んでけ〜したからもう大丈夫よ」、4歳なら「おひざの曲げ伸ばしはできる？ それなら大丈夫。血は出ているけれど、骨は折れていないから消毒して絆創膏(ばんそうこう)を貼っておけば治るよ。大丈夫だよ」のように、〝大丈夫であることの理由〟をつけて話してあげます。言っていることはまだ十分理解できなくても、理由をつけることで子どもは安心します。

「ワンちゃんに吠(ほ)えられて怖かったね。でもちゃんとつながれてるから大丈夫だよ」

「電車行っちゃったね。でもすぐ次の電車が来るから大丈夫だよ」

「お友だちにイヤなことされちゃったの？　悲しかったね。でも△△がしたかっただけで○ちゃんのことが嫌いなんじゃないよ。また仲直りできるから大丈夫だよ」

「発表会で上手にできるか心配なの？　でもこの前の発表会で××をやったとき、一生懸命練習してとても上手にできたでしょ？　今度もいっぱい練習すれば大丈夫よ」

このようにいろいろな場面で「○○だから大丈夫」を繰り返してあげると、子どもは「こんな状況になっても大丈夫」と思えるようになっていきます。

言葉かけによって、安心と大丈夫をこの時期の脳にインプットしてあげれば、困ったことが起きても、子どもが自分自身で「○○すれば大丈夫。心配ないからまあ、いいか」と論理的に考え、乗り越えていけるようになります。

6～9歳は自己肯定感の「対他者」の部分を育てよう

〝からだの脳〟の次に成長を始めるのが〝おりこうさんの脳〟です。〝おりこうさんの脳〟の中心は、大脳新皮質と呼ばれる新しい脳です。ここは経験と学習によって育っていきます。

いろいろなことを体験したり、肯定的な言葉をたくさんもらったりしてさまざまな情報を取り入れ、知識や知恵を蓄えて、自己の能力を高めていくことができるのが新しい脳の特徴。〝おりこうさんの脳〟は経験や体験、知識につながる親からの言葉かけで大きく成長していきます。

〝おりこうさんの脳〟が育ち始めるのは1歳頃からで、成長は18歳頃まで18年間かけて育っていくわけですが、成長の中核となるのが6～14歳です。

なかでも6～9歳は、社会で生きる人間としての基礎をつくる時期です。「世界は自分中心に回っている」という動物の脳から、「世界には自分以外にもいろいろな人がいて、お互いに協力し合いながら生きているんだな」と考えられる人間の脳になっていく最初の時期ですから、自分への信頼や自信に加え、人と関われる力まで含めて自己肯定感を育ててあげてほしいと思います。

6歳になって小学校に入るようになると、親御さんたちの関心はともすれば「お勉強」のほうに傾いていきがちです。学習塾や複数の習い事に通わせ始めるご家庭も増えてきます。

その分、できないこと、できない部分が目について小言やダメ出しが一気に増えます。いっぽうで勉強がよくできた、テストの成績がよかったときなどに、「子どものやる気や自己肯定感を育てなきゃ」と、結果だけをほめちぎる親御さんも出てきます。

しかし、どちらも子どもの脳育て&自己肯定感育てにはつながりません。小言やダメ出しが多いと自信が育っていかないことは言うまでもないですよね。できた結果だけほめても、そこに至る頑張りのプロセスを認めてほめてあげなければ、これもまた本当の意味で「自分はできるんだ」の自信や、自分への信頼をもたせてあげることはできないのです。

6~9歳は、〝からだの脳〟が育ち終わると同時に〝おりこうさんの脳〟が本格的に育ち始める期間です。また脳の神経回路を、人間らしい高度な思考力、理性で感情をコントロールする力を発揮する「前頭葉」へと伸ばし始める時期でもあります。

ですから目の前のできる・できないに一喜一憂するのではなく、自分で何とかできる知恵がつくように、「こういうときはこうすれば大丈夫」という知識と経験を、たくさん入れてあげることに子育ての主眼を置きましょう。

体をつくるための生活リズムを崩さないことも引き続き重要です。塾や習い事で就寝時刻に影響が出ないように気をつけてください。

自己肯定感の育ちという観点から言うと、その知識と経験の中に必ず加えてほしいのが人との関わりです。

人を信頼して頼ることができる力や相手のことを思いやって行動する力は、他者と関わる経験が数多くあることで育っていきます。とくに大切なのは、大人である親が見本となって、関わりのあり方を教えていくことです。

「困っている人がいたら声をかけてあげるんだよ」「お年寄りには席を譲って

あげようね」と言葉で知識を教えながら、親自らが困っている人に声をかけたり、席を譲ったりして子どもに手本を見せてあげてほしいと思います。

親の姿を見ながら子どもは学んでいきます。何回も繰り返して見せていくうちに、横断歩道で重い荷物を持って歩いているお年寄りを見かけて、「荷物持ちます」と言える子になっていくかもしれません。

そこで知らない人から「ありがとう」と感謝される経験をすると、助けてもらうことは誰にとってもうれしいことなんだと実感として知ることができます。また親以外の人からも、「ありがとう」と言われたら自分の心が温かくなる、うれしくなるんだということを実感します。

自分の行ないで見知らぬ人に喜んでもらえたことは、自信につながり、自分が困っているとき、臆することなく助けを求められる人にもなっていけます。親が手本になって、そのための一歩となる働きかけをしていきましょう。

「はじめに」で紹介した親子を振り返ってみましょう。王様・女王様のように大切にされてきた子どもは、果たして困っている人やお年寄りに声をかけてあげられるでしょうか。「ありがとう」と感謝される経験ができなければ、他人から「やさしい人」「親切な人」と評価される機会も奪われ、他人からの好意をもらえなくなってしまいます。その結果、自己有用感や自己評価が下がり、自己肯定感も低くなるのです。

ご近所付き合いも、ぜひ大切にしてください。ご近所さんは、他人同士が集まる最も身近な社会ですから、他者との関わり方を学ぶ恰好の場となります。

顔を合わせたときの挨拶、お裾分けのやり取り、子どもが何かよくしてもらったときのお礼の電話やいただきものへのお返しなど、ご近所さんとの関係のつくり方を見せていくことで、子どもは気持ちのよい人との関わり方を知識・経験として吸収していきます。

「自分がいちばん大切」という原始的な自己肯定感から、100点満点の自己肯定感へと成長させるには、この時期の親の行動や言動がとても大事になってくるのです。

もうひとつ大切なのは、他の子の気持ちを汲み取り、読み取って自分なりの行動がとれる子にしていくことです。

勉強でいい点数やいい成績を取ること、頑張ってサッカーやピアノが上手になることは決して悪いことではありません。いっぽうで点数が悪くて落ち込んでいる子、試合などでメンバーになれなかったり、発表会に出られなかったりした子の気持ちにも目が向けられる子にしていくことが大事なのです。

〝おりこうさんの脳〟が育ち始める6歳前後から、「○ちゃん、メンバーになれなくてがっかりしているだろうね」と人の気持ちに寄り添う言葉をかけたり、「お菓子はひとり占めにしないで、みんなにも分けてあげようね。そうするとお友だちもきっとうれしいよ」と促したりして、他者への視点や他者への思いやりが育つようにしていきましょう。

10歳以降は自己肯定感の完成期

3番目、10歳以降に育ち始めるのが、前頭葉につながる神経の回路〝こころの脳〟です。前頭葉は論理的な思考、判断や理解、短期記憶、空間認知などを司り、考える脳、人間らしさの脳として知られています。

〝からだの脳〟から出発し、知識や経験を吸収しながら〝おりこうさんの脳〟

が育っていき、やがて神経の回路が前頭葉につながることで、子どもは状況を考えて行動するという高度なことができるようになっていきます。

たとえば、相手に対してカッとなって殴りそうになったとき、「でも、ここで殴ったらケガをさせてしまうかもしれない。殴るのではなく、不快な思いをしたことを言葉で伝えよう」と考える。

あるいは、ちょっと難しいことを頼まれて自分にできるかどうか不安を覚えたとき、「でも、以前似たようなことを経験したな。あのときのことを思い出してやれば大丈夫かもしれない」と考える。

カッとなったり不安に襲われたりするのは古い脳から出てくる原始的な感情(情動)ですが、〝こころの脳〟が育つにつれ、その感情のまま行動するのではなく、状況を判断したり、記憶を使ったりして論理的に思考し、そのうえで自分がとるべき最良の行動や言動を選んでいくことができるようになるのです。

高度な脳の働きである〝こころの脳〟は、年齢で言えば10歳から18歳ぐらいにかけてできあがっていきます。

それまでの間に、親との関わりから「自分はここにいていいんだ」「自分なら大丈夫、できるんだ」と思えるようになり、なおかつ人と関わることの心地よさを経験してきた子は、〝こころの脳〟の成長に合わせ、自分を大切にできて、人も大事にできる本当の自己肯定感を育て上げていくことができます。

自己肯定感の完成期であり、思春期とも重なっていくこの時期の子どもに対しては、〝こころの脳〟の成長を健やかにするため、次の5点を大事にして接していきましょう。①②に関しては2歳頃からやってあげてほしい項目です。

①子どもの気持ちを受け止める
「そうか、○○なことがあってうれしかったんだね／悔しかったんだね」と子どもの言葉をオウム返しでそのまま繰り返す
②共感する
「それはすごくうれしいよね」「それはイヤだったたね～」
③子どもの考えを引き出し、意見をじっくり聞く
「そのとき、どんなふうに思ったの？」「どうしようと考えているの？」

④意見が明らかに間違っていても否定しない

「なるほど、そう感じた／考えたんだね」

⑤すぐに結論を出さず、子どもが自分で結論を出すのを待つ

「もっと○○するにはどうしたらいいだろうね」「わかった。で、これからどうする？　あなたはどうしたい？」

「え〜、難しそう」「こんなふうにはできない」と感じてしまうかもしれませんが、10歳を過ぎれば、子どもは自分なりに前頭葉を使って考えることができます。その考える力を後押しして、さらに伸ばしてやるのが親の役目です。

難しく考える必要はありません。「オウム返しで受け止める」「否定しない」「自ら考えさせる」の3つを大事にすればいいとだけ覚えておいてください。

自分で考え、その後の行動を決めていくことは自己決定の感覚を養うことにもつながります。よしんば、失敗したり、うまくいかないことが出てきたりしても、〝こころの脳〟が育っていれば、「大丈夫、大丈夫」の親のひと言で安心し、自己肯定感を礎にして立ち上がっていくことができます。

親が心がけておきたい7つのポイント

ポイント1　「ありがとう」「ごめんなさい」を常に口にする

良好な人間関係の秘訣は「ありがとう」と「ごめんなさい」の2つの言葉です。他者との関わりを親が手本として見せてあげましょうと言いましたが、人とのやり取りにおいて「ありがとう」「ごめんなさい」の感謝の気持ちがないと、子どもの中に心地よい関係のつくり方が正しく入っていきません。

「ありがとう」も「ごめんなさい」も、子どもが小さいうちから親が常に口にし、見本を示していれば、子どももそれを学びます。〝おりこうさんの脳〟に知識として蓄え、当り前のように口にできる子になります。そのためにも「ありがとう」「ごめんなさい」が日常的に飛び交う家庭にしてほしいと思います。

外に出たときも、何かあったら「ありがとう」と「ごめんなさい」です。

たとえば3歳のわが子がファミレスで大はしゃぎしているとしたら、みなさんならどうしますか？

おそらく「静かにしてなさい！」と叱る、あるいは「みんなご飯を食べているのだから静かにしてね」とたしなめる、そのように答える方が多いのではないかと思います。

けれども「静かにしなさい」と否定で抑えてしまうことで、子どもの自己肯定感はどうなるでしょうか。この時期の子どもの自己肯定感は、どこまでいっても自分中心の原始的な自己肯定感です。大はしゃぎするのは自分が楽しいし、うれしいからです。その感情を出すことは、子どもの発達と自己肯定感の育ちからすると必要不可欠です。だから出すことはＯＫなのです。

親として子どもに対しては、楽しい気持ちを受け止めて「楽しいんだね、よかったね～」と言ってあげるのが正解です。でも他者との関わりを手本で示すことを考えたら、そもそも騒がれては困る場所に子どもを連れてきたのですから、親が「うるさいですよね、申し訳ありません」「うるさくして、すみません」と周りの人に謝る姿勢を見せることが大事なのです。

周りに迷惑をかけているなと思ったら、子どもを叱るのではなく、「申し訳ありません」と子どもの前で周りに謝る。もし「大丈夫ですよ」と言ってもらえたら「ありがとうございます」と返す。それを心がけましょう。

ポイント2 あいまい語を減らし、具体的に伝える

知識や経験の積み重ねがまだまだ十分ではない子どもの脳は、あいまいな言葉や表現を理解することができません。

「あれ」や「あっち」「もうすぐ」といった抽象的な言葉で会話が成立するのは、それまでの知識や経験を総動員し、前頭葉を使って「今この状況でこの人がこう言っているのは、過去の経験から考えても、おそらくはこういうことだろう」と推察して解釈するからです。

あいまい語で何とかコミュニケーションができるようになるには、前頭葉がしっかり機能し、なおかつ膨大な知識と経験が蓄えられていることが条件になります。

とは言いつつ、大人同士でもあいまい語は難しいですよね。自分は10分のつもりで「もうすぐ」と言ったけれど、相手は3分と捉えていて「もうすぐって言ったのにまだ?」となることは多いのではないでしょうか。

子どもであればなおさらです。知識・経験も足りず、前頭葉が未完成な年代は「もうすぐ駅に着くよ」「あっちのお皿を取って」「今は忙しいからあとでね」と言われても、何のことやら? なのです。

会話による親子のコミュニケーションは、子どもの脳育てにおいてとても重要です。とくに〝おりこうさんの脳〟が育ち始めたら、あいまい語はやめて具体的に、そして理解はできなくても、できるだけ論理的に伝えるようにしましょう。

「あとで」→「○○が終わったらね」「○○をしたら、その次ね」
「もうすぐ」→「2つ目の駅に着いたら降りるよ」「△時△分のバスに乗るから、○時○分に家を出るよ」
「あれ」→「食器棚の上から3番目にある青いお皿」「食卓の上に置いてある

お醤油入れ」

「あっち」→「テレビのあるお部屋」「大きな赤い看板があるほうの道」

「はやく」→「お母さんは△時△分に家を出たいから、○時○分までにご飯を食べてください」「今日は△時△分に学校集合だから、○時○分に家を出るよ」

など、まずは子どもに伝わりやすい言葉と表現で具体的に説明すること、「○○だから△△」と理由をつけて論理的に伝えていくことを心がけましょう。

ちょっと大変ですが、こうした会話を重ねていくと、いろいろなことを論理的に考えられる賢い脳になっていきます。勉強できる脳にもつながっていきますし、ひいては何かあっても自分で考え解決していける自己肯定感の高い脳にもなっていきます。

ポイント3　育てやすい子ほど日頃の関わり方を振り返ってみる

問題を抱えて私のところにやって来る子たちの多くは、親との関わりの中で心を疲弊させてしまった子たちです。小さい頃から聞き分けがよく、親の言いつけをよく守れる、いわゆる「いい子」だった子も少なくありません。

親からするととても育てやすい子で、「何の問題もなく順調に育っている」と思っていたのに、思春期を過ぎてから、突然無気力になる、暴力的になる、心の不調や病気になるといったことが起こり、親も理由がわからずオロオロしてしまうというのが大方のパターンです。

なかには「こうなったのは○○が悪い」と環境や誰かの責任にしてしまう方もいます。しかし子どもに話を聞いていくと、結局は親が原因です。

「○○も××も頑張りなさい」をはじめ、あらゆることで「ああしなさい」「こうしなさい」と言われてきた。心の中では「イヤだな」と思いながらも言いたいことが言えず、親の言うことに逆らわず従ってきた。その結果ストレスをためてしまうのですね。

もう少しさかのぼると、動物の脳全開の幼児期に自分自身を思い切り出すことが認められなかったり、〝からだの脳〟が育ちきらないうちからお勉強漬けだったりという家庭も結構あります。

親に逆らわず、従順で育てやすい「いい子」とは、言葉を換えれば親の言いなりになっている子です。自分で考える脳を育てられてこなかった子とも言えるでしょう。

考える力がついていたら、「親の言っていることは論理的におかしい。そんなの聞いてられないや」「言っていることは正論かもしれないけど、自分はこうしたいんだ」と、自分なりに考えて行動を決めることができます。それができなければ自己肯定感ももてません。

親の言うことをよく聞く聞き分けのよい子、「イヤだ」を出さない育てやすい子は、考えさせる余地のない正論で抑えつけていないか、子どもが気持ちを出せているか、親の希望や理想を押しつけていないか、日頃の関わり方を一度振り返ってみる必要があります。

思春期を過ぎてから、低くなっている自己肯定感を上げていくには時間がかかります。それを考えても5歳までは、「ホントにこの子育てにくいわ～」と親が音(ね)を上げるくらい自分を出せる子のほうが、長い目で見て安心なのです。

親御さんは、子どもが思う存分自分を出せる環境を用意してあげてください。「幼児期は聞き分けがないぐらいが当り前」と覚悟して、言うことを押しつけたり、「ダメ」と叱りつけたりしないようにしましょう。そのほうが結果的には「いい子」に育ちます。

ポイント4　子どもへの言葉かけは「肯定」から入るのが鉄則

「子どもを叱ってばかりいます。このままじゃ子どもに自己肯定感は育たないですよね」とおっしゃる親御さんが少なからずいます。ご自分でも気づいている通り、叱られることの多い子は自己肯定感が育ちづらくなります。

叱りがちな親御さんの場合、まず多いのは子どもとの会話が否定から入っていることです。

たとえばゲームばかりしている子どもに「ゲームばかりやってないで××しなさい」と頭ごなしに言う、「あの先生嫌い、ムカつく」と言う子どもの言葉に「先生に対して何そんなこと言ってるの！」と頭から否定する――いかがでしょう。身に覚えはありますか？

否定から入られると子どもは反発します。口応えしたくなり、そこから親とのケンカが始まって「親に向かってその口のきき方は何⁉」とさらに叱られてキレる、あるいは口を閉ざして何も話してくれなくなる、のどちらかになります。いずれにしても、そんなやり取りを繰り返すことで、子どもが親を信頼できなくなる可能性が高くなってしまいます。

親を信頼できず、親との関係が極端によくない子どもは、自己肯定感も育ちません。思春期あたりからいろいろな問題も生じやすくなります。

子どもとの会話は、ネガティブなことでも肯定から入ることが鉄則です。ゲームばかりやっていても、乱暴な言葉を口にしても、肯定からです。「そのゲーム、おもしろそうだね」「うん、おもしろいよ」「そうだよね。夢中になってるもんね。でもそろそろ切り上げて××するのはどう?」「あの先生ムカつくー!」「そうなんだ、ムカつくんだ」「だってさー、えこひいきがすごいんだよ!」「えこひいきがすごいの? それはやだよねぇ」「うん。今日だってね……」

このように肯定から入ることで子どもは話がしやすくなります。子どもの気持ちや考えを引き出し、そのうえで「どうするか」を子ども自身に考えさせ、決めさせることができます。

心配なことがあって様子を知りたいときも、頭ごなしの否定から入ると子どもは絶対口を割りません。言葉で論理的に説明できない小さい子はダンマリになり、大きい子なら反発してキレて、ますます隠すようになります。

たとえば先生から「今日お友だちとちょっとトラブルがあって、相手の子を叩きました」と聞かされたとき、不安と心配から「今日○ちゃんを叩いたの⁉お友だちを叩くのはいけないことでしょ！　何があったの⁉」から入ると、小さい子ほど、親から叱られるという恐怖の思いが先に立って口を開かなくなります。

「今日何かイヤなことがあった？　怒りたくなっちゃうようなことがあったのかなー？」から入って子どもの答えを待ち、口を開いたら「そうだったんだ」「それはイヤだったたね。でもね、叩かれたら痛いし悲しいよね」「明日○ちゃんに会ったら、どうしたらいいと思う？」と続けることが大切なのです。

子どもがチャットで誰かと話しながらオンラインゲームをしていて、相手がわからなくてすごく心配というときも、頭ごなしに「オンラインゲームなんて怖いものやめなさい！　やめないならゲームはやらせません！」から入ってしまうと、子どもは猛反発し、よそで隠れてするようになったりします。

でも「今のゲームって、こうやって話せるんだね。おもしろそうね。誰と話しているの？」から入れば、「友だちとだよ」「話しながらどうやってゲームするの？」「それぞれのキャラクターを使って、相談しながら一緒に敵を倒すんだよ」「知らない人も入ってくるの？」「そんなことしたら誰が入ってくるかわからないじゃん。そんな危ないことしないよ。つながるのは顔を知っている子だけだよ」と会話が続く可能性が高まります。

そうなれば心配事も一件落着です。もし知らない人ともつながっていることがわかったら、そこで改めて危険性を説明してやればよいのです。

親との信頼関係は、子どもの自己肯定感の育ちにも影響してきます。

とくに親子の会話は信頼関係をつくるうえで大きなウェイトを占めます。

「言葉かけは肯定から」を心がけて、親には話してもいい、話しても大丈夫と子どもが思える関係性を築いていきましょう。

ポイント5 想像で決めつけず子どもを信頼する

「ゲームばかりで脳によくないんじゃないかと心配なんです」「口下手なのでいじめられるんじゃないかと心配なんです」「自分の子育てのやり方でいいのか心配なんです」「親が気づかないところで何かやっているんじゃないかと心配なんです」――。親御さんたちは、とにかくよく「心配」を口にします。

そのように「心配」してしまう気持ちはわかります。でも心配が消えないというのは、裏返せば「子どもを信頼できていない」ことになります。

子どもによくないんじゃないか、いじめられるんじゃないか、隠れて何かやっているんじゃないか、という心配は、どれも子どもを信頼できていないことから生じているもの。信頼できていないから「いじめられるのでは?」「子どもに悪影響が出るのでは?」「よくないことをやっているのでは?」と勝手に想像を広げて、親自ら心配を増幅させてしまっているのです。

「心配」と「信頼」は足して100です。赤ちゃん時代は「心配100」が当り前ですが、小学校に入ってからも、中学生になってからも「心配100」のままはよくありません。

子どもの側も、自分が親から信頼されていないことは敏感に感じ取ります。いつまで経っても「心配100」でいると、「結局親は自分のことを信用していないんだ」となって、子どもは心を閉ざしてしまいます。

その結果、子どもが一切何も話してくれなくなり、親が疑心暗鬼を募らせて、子どもの留守中に机の中を探ったり、子どもの携帯を勝手にのぞいてLINEを読んだりして、子どもとの関係がさらに悪化する。こうした悪循環も実際に起こっています。


よくない想像にからめ捕られないためには、子どもとの風通しのよい関係をつくっておくことが最も重要です。

普段は親と子の間でも秘密があって構いません。私たち大人だって、どんなに親しい間柄でも、すべてさらけ出して話しているわけではないですよね。

「ウソも方便」を使ったりしながら、本当に知られたくないプライバシーに関わる部分は上手にオブラートに包んだりしています。

子どもにも子どものプライバシーがあります。親には絶対に話したくないこともあります。それを承知したうえで、互いにいいところも悪いところもある程度さらけ出しておくことが、風通しをよくする秘訣です。加えて子どもの気持ちや考えを引き出す言葉かけで話をしっかり聞いてやることも大切です。

理想は、思春期になって困ったことが起きたとき、窮地に陥ったとき、「ここは助けてほしい」と親に素直に言えて、すべて話せる関係性ができていることです。親子が互いに信頼できていれば、それは十分可能です。

「親は自分を信頼してくれている」「いざというとき、親に話せば助けてもらえる」と思える子は、親を泣かせるようなことはしませんし、子どもなりに考えて自律的に行動できます。自己肯定感も育ち、自立もはやくなります。

「心配」と「信頼」の比率は、小学校を卒業するくらいの年齢で「心配50」と「信頼50」、18歳で「心配0」と「信頼100」を目安にし、子どもと関わっていくようにしてみてください。少しずつ心配を手放し、信頼を増やす。そうすれば「何かあっても、まあ、この子は大丈夫」と思えるようになります。

ポイント6　ルールをきちんと決めておく

叱る言葉や否定語がついつい増えてしまうのは、何をしたら叱るのかの基準軸が明確になっていないからです。

「これをしたら叱ります」という家庭のルールをしっかりつくっておきさえすれば、子どもの中にもルールが入っていくので、やたら細々と子どもを叱ることもなくなります。「一線を越えたら叱ればいい」と思えることで、子どもの行動をある程度、子ども自身の判断に任せられるようにもなっていきます。

家庭のルールとして決めておくことには、大きく分けて2つあります。

ひとつは「自分と他人の生命に関わる危険なこと」です。自分の生命を危険にさらす行為・行動はもちろん、人の生命を脅かすような行為・行動も絶対に許さないというルールです。

もうひとつは「生活におけるルール」です。出かけるときは必ず行き先を親に告げる、自室はＯＫだけどリビングでは私物を散らかさない、親やおじいちゃん・おばあちゃんには「バカ」「クソ」は厳禁など、気持ちよくみんなが共同生活を営むため、子どもの成長につなげるためのルールです。

「生活におけるルール」は、「他の家ではともかく、わが家では守らなければダメ。破ることは絶対許さない」で決めて構いません。子どもの年代に応じて見直しも必要でしょう。

とはいえ、禁止事項や守るべきことが多過ぎると、結局はルール違反で叱ることが増えてしまいます。ルールで縛り過ぎることは、子どもが自分なりに判断して行動する余地も狭めてしまうことになります。ですので「これだけは絶対に譲れない」というラインで決めるとよいと思います。

ルールは約束事ですから、「破ったら容赦なく叱ります」と子どもにも伝えておき、実際に破ったときは思い切り叱ってください。その代わり、親もルール違反以外のことは「まったくもう」と思っても目をつむります。

たとえば「自室はOKだけどリビングでは私物を散らかさない」がルールなら、リビングに洋服や靴下が脱ぎっぱなしで散乱している状態はルール違反。

ですからきちんと叱ります。

けれども子どもの部屋が散らかっていても、ルールには関係ないので一切放っておきます。「部屋がどんなに散らかっていても生命に危険はないし、気になったら子どもが自分で掃除するだろう」と思っておけばよいのです。

高学年や中学生あたりで子ども同士で繁華街に出かける際も、行き先を親に告げるのがルールなら、子どもにはどこに行くかを報告する義務があります。「今度の日曜日、○たちと原宿に買い物に行ってくる」と言われたら、「楽しんで行ってらっしゃい。原宿で何を買う予定なの?」と返し、「でも夜遅くまで原宿にいると危ないことに巻き込まれるかもしれないから、遅くなり過ぎるのはいけないよ。危ない場所に近づくのもルール違反になるからやらないでね」と伝えて、「何時ぐらいに帰ってくる予定なの?」と見通しを聞いておけば、安心して子どもを送り出すことができます。

そして親に伝えた通りの時間に帰ってきたら、「すごい! ちゃんと言っていた時間に帰ってきたね」と、忘れずに行動を認めてほめてあげてください。

日常生活の中でルールをことあるごとに伝え、破ったときだけきちんと叱る、守れたことは認めてほめるを繰り返していけば、子どもの頭の中にもルールがしっかり入っていきます。あれこれ口うるさく注意しなくても、「他の子たちはまだ遊んでるけど、お母さんとの約束があるから自分は先に帰ろう」のように、だんだんと自分で判断して行動できる子になっていくでしょう。

口うるさく言われないし、叱られる場面が減ることで子どもは「信頼されている」実感を得ることができます。考えて行動できる子になっていくことで親も子どもを信頼できます。親子が互いに信頼し合える関係は、子どもの自己肯定感をより高めてくれます。

ポイント7　「うちの子がかわいそう」で行動し過ぎない

講演会などで親御さんたちの声を聞くことも多いのですが、いろいろな不安や心配でいっぱいなんだなと痛感します。必要以上に「子どもが傷つかないように守らなければ」と考える方が増えた実感があります。

「自分の子どもだけが不利になる状況は許さない。そんなのうちの子がかわいそうじゃないですか」「他の子はそうじゃないのに、どうしてうちの子だけがそんな思いをしなくちゃいけないんですか？　かわいそうじゃないですか」、こうしたセリフを耳にすることが増えました。

でも考えてほしいのです。「うちの子がかわいそうじゃないですか」は、翻(ひるがえ)れば「うちの子さえ傷つかなければいい」ということです。その気持ちのまま行動する親の姿を見て、子どもの中に、自分も人のことも大切にできる本当の自己肯定感は育つでしょうか？

子どもがちょっとイヤな思いをすると、すぐさま相手の家や学校に乗り込んでいったり、「発表会でセリフのない役なんてかわいそうじゃないですか」と先生に文句を言ったり、何でもかんでも親が先回りして用意してやったりするのも、かわいそうな思いをさせたくないし、子どもを守りたいという気持ちからの行動でしょう。

親であれば、傷つくような思いは子どもになるべくさせたくないと思います。どの親の中にも抜き難くある思いです。とはいえ、それが過ぎてしまうのは考えものです。

赤ちゃん時代は100％親が手をかけてやらなければなりませんが、〝からだの脳〟が育ち、〝おりこうさんの脳〟に成長の舞台を移していく年代からは、少しずつ親の手を離していく必要があります。

たとえ、「うちの子がかわいそう」と思うような場面やトラブルがあったとしても、その経験は親が上手に関わることで子どもの大きな育ちにつながります。

幼稚園の発表会でセリフのない樫の木さんの役だったとしても、「わあ、大切な役をもらったね」と喜び、終わったら「すごく立派な樫の木さんだったよ」と言ってあげれば子どもの自信につながるでしょう。

そもそも「セリフのない役だなんて、ボクは先生に認められていないんだ」と子ども自身は思っていないかもしれません。そう思わせてしまうのは親がそのような言動を見せてしまうからです。

小学校に上がると子どもが自分でできることも増えていきます。忘れ物がないよう親が持ち物を全部揃えてやったり、友だちとの些細な揉め事に親が介入したりといったことが当り前になっていると、子ども自身が考えて行動につなげる機会を奪ってしまうことになります。考える脳が育っていかず、育つはずの自己肯定感も育ちません。

「うちの子がかわいそうじゃないですか！」が、子どもの自己肯定感を壊してしまったケースもあります。今でも強く記憶に残っているのが、学校に行けなくなってしまった小学3年生の男の子のケースです。

授業参観が習字の時間だったのに、その子はひとりだけ習字道具を忘れてしまいました。道具がないのですることもなく、周りの友だちの様子を眺めていたのですが、それを見たお母さんがとんでもない行動に出たのです。

本人は「忘れたのは自分だから、まあ仕方ないや」と思っていたのに、お母さんは、同じく授業参観中だった5年生のお姉ちゃんのクラスに乗り込むと、お姉ちゃんの机から習字道具を取ってきて、大声で「ほら、お姉ちゃんのところから持ってきたから、これでやりなさい！」と言って道具を渡しました。

さらに授業が終わるや否や、担任の先生のところまでツカツカ歩いて行き、「ひどいじゃないですか！　どうして習字道具を貸すとか何とかしてくれなかったんですか⁉　あれじゃうちの子がかわいそうです！」と食ってかかったのです。

翌日からその子は部屋に引きこもってしまいました。参観に来ていた大勢の保護者やクラスの友だちの前でそれをされ、自尊心が大いに傷つけられて、親を許せなくなってしまったからです。

けれども、そのお母さんは「息子が学校に行けなくなったのは、道具を貸すなどして助けてくれなかった担任のせいだ」と言い張り、私がいくら「それは違いますよ。お母さんの行動ですよ」と言っても聞く耳をもってくれませんでした。

親御さんたちには、子どもが遭遇する出来事は、理不尽なこともトラブルも失敗も含めて、すべてが大事な経験と考えてほしいのです。「かわいそうなこと」ではなく、「成長の種」と見方を変えていただきたいのです。

もし、このお母さんがそう思ってくれていたら、子どもに違う接し方ができていたことでしょう。心の中では「まったくもう！　こんな日に忘れ物をして！」と思いながら、「まあ、でもこれもいい経験。本人がイヤだったなと思えば次から気をつけるでしょう」と子どもの気づきを待ち、成長を見守れたのではないかと思います。自己肯定感を壊すのではなく、育てる方向につながったのではないでしょうか。

親御さんたちには「うちの子がかわいそう！」と憤る前に、「これは成長のチャンス！」「やった、ラッキー！」と捉えて、「こうすれば大丈夫」という乗り越え方を論理的に、ていねいに教えることに気持ちを向けてほしいと思います。

また、「チャンス！」「ラッキー！」と思えるようになるためには、子どもの様子や子育てに関して、いたずらに不安を募らせないことも大切です。

小児科医として数えきれないほどの子どもたちと接してきた私が太鼓判を押しますが、夜しっかり寝て、朝はすっきり目覚め、ご飯をおいしくパクパク食べられる脳と体さえ子どもにつくっておいてあげれば、多くの親が抱えている不安のほとんどは解決します。

しっかり寝られて、しっかり食べられる子は体の回復力も心の回復力もバツグンです。少しぐらいイヤな思いをしたり、焦りや心配を感じたりしても、ひと晩眠れば翌朝には元気を取り戻しています。

元気に「おはよう」と起きてきて、食欲のままにパクパク食べて、ちょっとへこんではいるけれど「アハハ！」と笑っている子どもの姿があれば、「ああ、この子は大丈夫だな」と思えるでしょう。そのためにも〝からだの脳〟づくりはとても重要なのです。

「この子ならヘリコプターで砂漠まで連れて行って、そこでポトッと落としても大丈夫。人に助けてもらいながら何とか生き延びるだろう」と思えるぐらい、親が全面的に子どもを信じることができれば、その子の中には大きな自己肯定感が育っていきます。

たとえ運動や勉強はイマイチでも、社会で生き抜いていける力の強い人になってくれるほうが、その後の子どもの人生は幸せになっていくはずです。あまりキリキリせず、少し大らかに子どもの育ちを見守ってあげてください。

ポイント1「ありがとう」「ごめんなさい」を常に口にする
ポイント2あいまい語を減らし、具体的に伝える
ポイント3育てやすい子ほど日頃の関わり方を振り返ってみる
ポイント4子どもへの言葉かけは「肯定」から入るのが鉄則
ポイント5想像で決めつけず子どもを信頼する
ポイント6ルールをきちんと決めておく
ポイント7「うちの子がかわいそう」で行動し過ぎない

コラム

やってみよう!

子どもに伝えたいことが届く声トレ2

伝わる声は「顔づくり」から

表情筋トレーニングでクリアな声と、豊かな表情を手に入れましょう。表情筋がしっかりと動くことで、声がクリアで通りやすくなります。感情は声には乗せず、目や口元など表情で伝えるほうが効果的です。

1. 顔を中心に寄せるイメージでくしゃくしゃにしたあと、思い切り開くイメージで目や口を開け、眉も上げる。
   交互に繰り返す。

2. 口を大きく開け、舌を上下左右に動かす。
   口は動かさないで舌だけを動かすように。

3. 2の状態で舌を動かしながら声を出す。

アー〜

4. 巻き舌で声を出す。
   できない人は口を閉じ、唇をぶるぶるさせる。

ウラララ〜

POINT

姿勢も大事!

背筋を伸ばし、腹筋に力を入れて行ないましょう。お腹、指先、頭、体全体で声を出すようなイメージで。

ケース別

脳育て&自己肯定感育てにつながる言葉かけ

はやく寝かせたいのに寝てくれない

子どもが毎晩いつまでもグズグズして寝ようとしてくれない。はやく寝かせたいのに、寝てくれない子どもにイライラしてしまう

なんで眠れないの？　いっぱい寝ないと大きくなれないよ!?

ママも眠くなっちゃった。真っ暗にして一緒に寝ようね。おやすみ

眠れない環境を親がつくっていませんか

「暗いときは眠り、明るいときは活動する」というリズムをつくるには、8時でも9時でも、決まった時間になったら暗い環境の中で寝かせ、朝はカーテンを開けて、子どもの目に外光の刺激をしっかり入れることが必要です。

生後4カ月くらいの赤ちゃんのときからそれを続けてあげれば、決まった時間に眠くなる脳がつくられて、基本的にはその時間になると自然に眠くなり、何もしなくてもコロンと寝てくれる子になるはずです。

もし、寝る時間になってもグズグズして布団に入ろうとしない、布団に入ったあともなかなか眠らない、いったん寝かしつけてもすぐ「ママ〜」と起きてきてしまうというのであれば、まずは環境を見直してみましょう。

子どもが寝る部屋にテレビの音が届いていないでしょうか。楽しそうな音が聞こえてきたら、子どもだって「まだ眠りたくない〜」と思います。また寝る直前までゲームをさせたりしていませんか？　テレビ、スマートフォンやタブレットなどが発する光は脳に強い刺激を与え、脳を覚醒させてしまいます。

寝る時刻が日によって違っていないかも振り返ってみましょう。8時に寝かせると決めているのに「今日は○○だから、少しぐらい遅くなってもいいか」があると、決まった時間に眠くなる脳にはなりません。

人間の脳には、昼間活動する動物と同じように、暗くなったら眠る、明るくなったら起きて活動するシステムが組み込まれています。子どもがなかなか寝ないとしたら、親が眠れない環境をつくってしまっている可能性が大です。

でも5歳までは、1週間もあれば狂ってしまったリズムを元に戻せます。ただし、その1週間は親も根性が必要です。大人の都合や事情はあと回し。とにかく8時なら8時、9時なら9時で「何が何でもこの時間に寝かせる」覚悟で臨みましょう。

寝かせようとするところから入ると、なかなか寝ない子に親はイライラし、親のイライラを感じ取って子どもは余計眠れなくなってしまいます。ですので朝起こすことから始めましょう。毎朝必ず7時に起こして太陽の光を浴びさせ、昼寝も短めにし、就寝時間の1時間前にはテレビを消す・ゲームを終わらせるようにして、時間になったら布団に入れることを続けてみてください。

理想は、8時になったら電気を消して、子どもの横で親も一緒に寝ること。子どもが寝たらやろうと思っていたことは、「はやい時間に起きて片付ける」と発想を変えれば、決して不可能ではありません。

「ママも眠くなっちゃった。真っ暗にして一緒に寝ようね。おやすみ」と言いながら、ふんわりと自分の体でくるんであげると子どもは安心し、リラックスして眠ることができます。ふんわりとハグすることは親子の愛着形成を促して、大事にされている安心感を子どもの中にもたらしてくれますので、自己肯定感を育てていくうえでも有効です。

これを繰り返していると、脳が夜8時に寝ることを覚えます。時間がきたら「もう眠いです」という信号が出て、自分から寝る部屋に行くようになります。「寝ないと落ち着かない脳」をつくってあげると、中学・高校になってから、友だちとの付き合いでも「ごめん、眠いから寝る」と寝ることを選択できるようになるので、夜中までパソコンやＬＩＮＥをしたり、遅くまで外遊びをしたりすることが減って、思春期特有の親の心配事もグッと少なくなります。

CASE 2

ご飯を食べたがらない

子どもの体のことを思って毎日手づくりでご飯を出しているのに、肝心の子どもは「いらない」「食べたくない」ばかり。どうしたら食べてくれるの？

もう！　○ちゃんのために一生懸命つくったのに、どうして食べてくれないの！

まだお腹が空いてないの？　わかった。じゃあ、お腹空いたら食べようね

子どものリズムを見てご飯を出しましょう

睡眠と食欲は連動しています。寝ている間に夕食がすべて消化され、ぐっすり眠って起きたときには消化管が空っぽの状態。だからお腹が空いていて、朝ご飯がおいしくモリモリ食べられるし、体のリズムが正常だから、しばらくするとまたお腹が空いてきて、ご飯がおいしく食べられるというのが本来のあり方です。

それなのに、ご飯が出てきても「いらない」「食べたくない」と言うのは、そもそもの睡眠のリズムがよくなくて、食欲のリズムが整っていないことが一因かもしれません。

まずは子どもがしっかり寝られているかどうかを見直してみましょう。眠れているのであれば、夕食の時間が遅くないか、間食が多くなっていないかも振り返ってみてください。

起きたらお腹が空いている状態をつくるには、夕食を少し軽めにしてみるのもよいでしょう。朝ご飯がしっかり食べられるようになったら、食欲のリズムも整っていく可能性があります。

お腹が空いていなければ、ご飯を食べようと思わないのは子どもも大人も同じですよね。離乳食にしても、ご飯にしても「いらない」「食べたくない」と子どもが反応するのは、まだお腹が空いていないということなのです。

ですから、子どもが「食べたくない」と言ったら「そうか、まだお腹が空いていないんだね」でおしまいにし、「お腹空いたー!」と言ったら、そこでご飯を出してあげればよいのです。


空腹を感じていないのに、「食べてくれない」と悩み、「どうして食べてくれないの?」「ママが○ちゃんのために一生懸命つくったんだよ? だから食べて」「食べてくれないと、ママ悲しいよ」と無理に食べさせようとしても、それは無理な話です。

食べてくれないとがっかりされたり、食べなきゃダメと強制されたりすれば、子どもにとって食事の時間は楽しいものではなくなってしまいます。「食べないとママががっかりする」「食べないとママに叱られる」と思うことで、食事の時間が恐怖になってしまうようだと、脳や自己肯定感の育ちにも影響します。強制が行き過ぎると摂食障害を起こすこともあります。

大人は「お昼の12時になったからお昼ご飯」と考えますが、体内時計の働きがまだしっかり決まっていないうちは、お腹が空くリズムも時間通りではありません。

ですので時間で動くのではなく、子どものリズムを見てあげてください。「これぐらいの時間になるとお腹が空くらしい」とわかれば、そのタイミングでご飯を出してあげることができます。

食事の基本は、「お腹が空いたら食べる」「食べることは楽しいと思いながら食べる」の2つです。

お腹が空いたときにポンと食べ物が出てきたら、「食べなさい」と言わなくても食べてくれます。食べて「わあ、おいしい」と感じ、その姿をお母さんもお父さんもにこにこしながら見てくれている。そうした体験を大事にしてあげましょう。

CASE 3

好き嫌いが多い

何でも食べられる子になってほしいのに、子どもの好き嫌いが激しくて困っている。このままだと偏食になるのでは？　と心配

好き嫌いはダメでしょ！　ピーマンも食べなきゃ大きくなれないよ!?

OK

そうなんだ、〇ちゃんはピーマン嫌いなんだ。でもピーマンってビタミンがいっぱいで、食べると体を健康にしてくれるんだよ

好き嫌いはあって当り前。ただ知識は入れておきましょう

「いろいろなものを好き嫌いなく食べられるようにしてあげるのが食育」、そのように思い込んでいる親御さんは結構いらっしゃいます。

でも、お母さん自身はどうでしたか？　小さい頃から好き嫌いなく、親から出されたものは何でもパクパク食べましたか？　そうではないですよね。何かしら嫌いなもの、苦手なものはあったはずです。

自分自身の小さい頃を思い返していただけばわかると思いますが、子どものうちは好き嫌いがあって当り前です。５歳までは原始的な動物の脳の時代。味覚もまだ十分に発達していないうえに、本能優先で「これは食べて大丈夫かどうか」を判断しているからです。

自然界においては基本的に、苦味が強いもの、味や香りが独特で強烈なものは、毒があったり腐っていたりして食べると危険なものと認識されます。動物たちも本能で危険なものは口にしません。

乳幼児のときにピーマンや人参、セロリ、椎茸などを苦手とする子が多いの

は、ひと口食べてみて「苦い、ヘンな味がする、甘くない。だから自分の体には毒かも。腐っているのかも。食べるな危険」と本能が言うからです。

そう考えると乳幼児で好き嫌いが多いことは、脳の発達段階からすると当然です。「嫌いなものは嫌い」があるほうが、むしろ健全な脳なのです。


「でも、そうは言っても栄養バランスを考えたら、いろいろなものが食べられたほうがいいじゃないですか」と言いたくなるかもしれませんが、そこでもご自分を振り返ってみてください。

小さい頃は大嫌いだったけれど、大きくなったらおいしく食べられるようになったもの、好んでは食べないけれど、食べられないわけではないものが結構あるのではないでしょうか。

大人でも、すごく偏食なのに案外健康に日々を過ごしている人はいます。

栄養の面でいえば、食べられないものがあっても、その分の栄養素はちゃんと他の食材で補っていたりするものです。何でも万遍なく食べられるに越したことはありませんが、食べられなくてもすごく困ることはありません。

郵便はがき

料金受取人払郵便

京都中央局
承認

5819

差出有効期間
2025年3月15日
まで

（切手は不要です）

601-8790

205

京都市南区西九条
北ノ内町十一

PHP研究所
暮らしデザイン普及部
お客様アンケート係 行

1060

ご住所 □□□-□□□□	
TEL：	
お名前	ご年齢 歳
メールアドレス	＠

今後、PHPから各種ご案内やアンケートのお願いをお送りしてもよろしいでしょうか？ □ NO
チェック無しの方はご了解頂いたと判断させて頂きます。あしからずご了承ください。

＜個人情報の取り扱いについて＞
ご記入頂いたアンケートは、商品の企画や各種ご案内に利用し、その目的以外の利用はいたしません。なお、頂いたご意見はパンフレット等に無記名にて掲載させて頂く場合もあります。この件のお問い合わせにつきましては下記までご連絡ください。（PHP研究所　暮らしデザイン普及部　TEL.075-681-8554　FAX.050-3606-4468

PHPアンケートカード

PHP の商品をお求めいただきありがとうございます。
あなたの感想をぜひお聞かせください。

お買い上げいただいた本の題名は何ですか。

どこで購入されましたか。

ご購入された理由を教えてください。（複数回答可）

1　テーマ･内容　2　題名　3　作者　4　おすすめされた　5　表紙のデザイン
6　その他（　　　　　　　　　　　　　　　　　　　　　　　　　　）

ご購入いただいていかがでしたか。

1　とてもよかった　2　よかった　3　ふつう　4　よくなかった　5　残念だった

ご感想などをご自由にお書きください。

あなたが今、欲しいと思う本のテーマや題名を教えてください。

ですから子どもの好き嫌いに目くじらを立てる必要はないのです。

「ピーマン嫌い。ベーッ」と吐き出されたら、「そうなんだ、○ちゃんはピーマン嫌いなんだ」と受け止めて、「でもピーマンって、ビタミンっていう栄養がいっぱいで、食べると体を健康にしてくれるし、お肌もつるつるにしてくれるんだよ」と、知識だけ〝おりこうさんの脳〟に入れておけばOKです。

「好き嫌いはダメでしょ！　ピーマンも食べなきゃ大きくなれないよ⁉」「ピーマンは栄養があるんだから絶対食べなさい。ママが食べなさいって言っているんだから食べなさい」と無理強いすれば、一生ピーマンが嫌いになるでしょうし、お母さんのことも嫌いになって、いいことはひとつもありません。

「ああ、嫌いなんだね。でも栄養いっぱいなんだよ？」で留めておけば、学校に入ってさらに知識が増えるなかで、「ピーマン苦手だけどビタミンいっぱいだし、お母さんがせっかくピーマンの肉詰めつくってくれたんだから」と〝こころの脳〟で考え、頑張って食べてくれるようになったりします。

食育は、脳の育ちとともに、発達段階に合わせながらゆっくりやっていけばいいのです。

保育園や幼稚園に行きたがらない

保育園に行き始めてから２カ月になるのに、いまだに登園を嫌がり、毎朝無理に連れて行っては大泣きされて困ってしまう

ママはお仕事に行かなきゃいけないの！　泣かないで先生のところに行きなさい！

６時になったら迎えに来るから、それまで先生とお友だちと遊んでてね

理解できなくてもお迎えの時間を伝えておく

幼児期の子が、保育園や幼稚園に行き始めたときに大泣きしたりするのは、不安を感じているからです。

大好きなお母さんやお父さんといたのに、引き離されて連れて来られるのですから、「このまま置いていかれたらどうしよう」と不安や恐怖が大きくなるのは当り前ですよね。

大好きな人たちと引き離されるときに感じる不安を、専門用語で母子分離不安と言います。母子分離不安は、乳幼児期の子どもの正常な心理反応です。

これを見せているということは、言い換えれば親との愛着関係がきちんと形成されているということ。

「自分はここにいていいんだ」「守られて大事にされているんだ」が、子どもの中にちゃんと根づいている証しですから、まずはここまでの子育てに自信をもちましょう。

この時期はまだ、先の見通しが立つ脳ができあがっていません。

「お父さんやお母さんはまたここに来てくれるのだろうか」「どのくらい待てばいいんだろう」「もしかしたらずっと来なくて置いてきぼりにされちゃうんじゃないか?」が渦巻いて、不安と恐怖から抵抗を示している状態ですので、脳の中に「置いていかれても数時間後にはお母さんかお父さんが必ずお迎えに来る」ということを知識や情報として入れてあげてください。

親御さんにしてみたら、仕事や用事が気になって気持ちが焦ると思います。「はやく仕事に行かなきゃいけないのに!」「遅れちゃうじゃない!」とイライラするかもしれませんが、その感情はいったん脇に置いて、子どもの目線まで自分の目線を下げます。そして、わからなくても次のように言ってあげます。

「今からママはお仕事に行きます。今は朝の8時です。ママのお仕事が終わるのは夕方の6時なので、6時半になったら迎えに来るよ。それまで園の先生とお友だちと遊んでいてね」

そこで「イヤだ」と言われても、感情を動かさないで「大丈夫、ママは必ずお迎えに来るからね」と伝えて、あとは先生に任せます。

お迎えのときは、「ほら、今は6時半でしょ？　6時半にお迎えに行くよって言ったでしょ？　だからちゃんとお迎えに来たよ」と言葉をかけます。これを毎日繰り返します。

知識と情報を使って、自分で「ママは6時半に来るからそれまで待っていよう」と考えられる脳をつくってあげることが大切なので、愛情をこめて言葉で具体的に見通しを伝えてください。

親が落ち着いて情報を伝え続けると、大体は3カ月以内、どんなに長引いても6カ月以内ぐらいには状態は落ち着きます。

「大丈夫、ちゃんとお迎えに来てくれるんだ」と確信できれば子どもの不安は和らぎます。その後も初めての場所や知らない場所に行くことをそれほど嫌がらなくなっていきます。

「イヤ！イヤ！」と何でも拒否する

イヤイヤ期なのか、何に対しても「イヤ！」ばかり。ほとほと疲れて、先日歯磨きを「イヤ」と言われたとき、つい声を荒げてしまった

何でもイヤばかり言って、どうしてそんなにワガママなの！　ママ、もう知らない！

そうか、イヤか。イヤだよねー。どうしてイヤなのかなあ？　でもね、歯磨きしないと虫歯菌さんが歯を食べちゃうよ？　どうする？

最初は子どもの「イヤ」の受け止めから

親は疲弊してしまうかもしれませんが、2歳以降に出てくる「イヤイヤ」は、子どもの脳が順当に育っている証拠です。自我を思い切り出して自己主張ができている証しですから歓迎すべきことなのです。

お風呂もイヤ、歯磨きもイヤ、ママが用意してくれたパジャマはイヤ、やりたいのにやらせてもらえないのはイヤ、帰るのはイヤと、とにかく何でも「イヤ」が出てきて、つい声を荒げたくなるのもわかります。

でも怒れば怒るほど、動物の脳時代の子どもは「イヤだ！　イヤだー！」が激しくなっていくことも知っておいてください。

動物のしつけに例えて申し訳ないのですが、犬のしつけでは応用行動分析という手法を取り入れています。応用行動分析では、飼い犬のムダ吠えには絶対に応じないこと、無視することが基本です。

犬の世界では、自分の吠え声に対してリーダーが吠え声で応えてくれることはリーダーが認めてくれたことを意味します。ですからワンワンとムダ吠えをしているときに飼い主が「静かにしなさい！」「うるさいよ！　ジョン！」と反応すると、飼い犬は「リーダーであるご主人さまに認められた」と捉え、もっと気を引きたくてさらにムダ吠えするようになってしまいます。

そのため悪い行動を消したいときは目を合わせずに無視をして、反対にいい行動をしたときはものすごくほめるというのが正しいしつけ方なのです。

動物の脳全開の幼児期の子どもが、「イヤだ！　イヤだ！」で騒いでいるときも、接し方は基本的に同じです。「なんでそんなにワガママなの！」「いい加減にしなさい！」と怒ると、「大好きなママが反応してくれた」となって、ヒートアップします。反応したこと自体がＯＫサインになってしまうのです。

ですので、子どもが「イヤだ！」と言い出したときは、まず目を見て、落ち着いた声で「そうかあ、イヤかあ」と受け止めてください。

こっちの靴を履きたい、あのパジャマがいいなど、「まあ、いいか」と思えるようなこと、やらせても危険がないことは、「わかった」と子どものやりたいようにやらせてあげていいと思います。自己主張を認めてもらえることは、子どもの自己肯定感を育てる一歩にもなります。

それでは困るということには、このようにやり取りしてあげましょう。

「歯磨きイヤ！」「そうか、歯磨きイヤなんだね」「うん」「どうしてイヤなのかなあ？」「お口の中がイヤ」「お口の中がイヤな感じになっちゃうからイヤなんだね」「うん」「そうか、わかった。でもね、歯磨きしないと虫歯菌さんが歯を食べちゃうよ？　歯を食べられちゃうとすごく痛いんだよ？　どうする？」

イヤな気持ちを受け止めて、どうしてイヤなのかを聞いてあげ、どうしたいのかを考えさせる言葉かけを意識することで、子どもは言葉での思いの伝え方を学び、どうしたいかを考えて行動する脳も育てていくことができます。

もし初動に失敗して「イヤだ！」と大爆発してしまったときも、親が「いい加減にして！」「いつまでワガママ言ってるの！」とヒートアップするのはNGです。

じっと黙って様子を見守り、「そうか、そうか」「イヤなんだね」とオウム返しで繰り返しているとそのうち落ち着いてきます。落ち着いたら「どうしてイヤなの？」と聞いてあげてください。

CASE 6

公共の乗り物で騒ぐ

バスや電車に乗ると、最初は大人しくしていても、毎回必ず途中から騒ぎ出してしまう。言っても聞かないし、周りの目が気になって…

うるさくしたらダメでしょ。なんで静かにできないの？　周りの人が見てるでしょ？　恥ずかしいよ？

今この駅にいるから、この駅とこの駅と、あと駅が3つだけだよ。3つ乗ったら降りるよ

あといくつで降りるかを具体的に教えてあげましょう

電車やバスの中でぐずったり、ワアワア泣いたり、ぎゃあぎゃあ騒いだりすると、親としては恥ずかしくなってしまいますよね。「しつけができていない親だなあ」と思われているのではないかと周りの目も気になると思います。

だからといって「シーッ！　静かにしなさい！」「ほら周りの人がみんな見てるよ？　恥ずかしいよ？」と子どもを黙らせようとしたり、叱ったりするのは逆効果です。

また「もうちょっとで着くから我慢して」や「あと少しだから静かにして」もよく聞きますが、これも賢明な言葉かけとは言えません。

子どもにしてみれば、いつ果てるともしれないガタンゴトンを聞きながら、狭い座席に閉じ込められているのは苦痛です。それを大好きなお母さんに伝えているだけですから、ぐずったり騒ぎ出したりしたとき、まずは「ああ、イヤになっちゃったんだね？」「そうだよね。はやく降りたいよね？」と受け止めて、次に先の見通しを具体的に教えてあげましょう。

車内には路線図や電光の停車案内表示があります。それを使って「今いるのはこの駅で、降りるのはこの駅だから、あとこの駅とこの駅を通ったら降りる駅だよ」と教えてあげるのもよいですし、「車掌さんが、次は○○駅～と言ってるね。車掌さんがあと2つ、次は～と言ったら降りるからね」「今バスが停まってお客さんが降りたり、乗ったりしているね。あと2つバスが停まったら、その次に降りるよ」のように教えてあげてもよいでしょう。

「もうちょっと」や「あと少し」のあいまい語を言われても、あとどのくらいこうしていればいいのかが子どもにはまったくわかりません。「こうしてるの、もうヤダなあ」となっているときに「あと少しだから静かにしてて」と言われても、見通しがないとそうできないのは仕方のないことなのです。

もうひとつ大事なことがあります。公共の場で子どもがうるさくしているとき、親が必ずしなくてはいけないことがあります。「うるさくしてすみません」「ご迷惑をおかけしてすみません」と周りに謝ることです。

大人である親は、たくさんの人がいる中で騒ぐことが迷惑なことだと知っています。けれども乳幼児期の子はまだわかりません。自発的に謝れる〝こころの脳〟も育っていないので、迷惑をかけていることについては親が謝らないといけないのです。これには子どもに見本を見せる意味もあります。

乳幼児のときから「うるさくしたときは、ごめんなさいを言う」を手本として見せて、記憶の中に入れておくことは、自己肯定感の中の他者との関係をつくっていく際の大切な知識になります。

第2章でも触れましたが、「ごめんなさい」と「ありがとう」が言えることは、人との良好な関係をつくっていく基本です。10年ぐらい経って自分が誰かに迷惑をかけたとき、自分で「ごめんなさい」が言えるようにしておくことが大事なのです。

そのお手本を見せないで『みんなイヤな顔をしているから静かにしなさい』や「おじさんに怒られちゃうからやめなさい」といった言い方をしていると、子どもの中に「周りの人は自分を迷惑だと思っている」を植え込むことになり、他者との関係をつくりにくい人にしてしまいますので気をつけてください。

お菓子やおもちゃがほしくて駄々をこねる

ほしいお菓子を買わないとひっくり返ってバタバタ大泣き。恥ずかしいし、ワガママに腹が立つしで、きつく叱ることも…

NG

お菓子ほしいからってワアワア泣いても買いません！　ママが買わないと言ったんだから買わないよ!?

お菓子ほしかったんだよね、わかってるよ。だけど(ダミー財布を見せて)、ほらお財布にお菓子を買うお金がないの

子ども用ダミー財布で経済教育にもつなげよう

自分の喜怒哀楽の感情を素直に表出して、それを親に認めてもらい、「どんな自分でも親は認めてくれるんだ」という安心感を得ることは、自己肯定感の育ちにおいて重要です。

お店の床にひっくり返って「ほしいのー！」「イヤだー！　買ってー！」となっているときも、「そんなことしても買わないよ！」「ワアワア泣いても買いません！」と突き放さず、「お菓子ほしいんだよね？　だからそうやってカメさんみたいにひっくり返っているのね」と認めるところから入ってください。

してはいけないのは、「もう知らない！　勝手にやってなさい！」と子どもを置いて、その場を去ってしまうことです。「見捨てられた」「自分を認めてくれない」という不安や不満を子どもにもたせてしまいます。その先の親子の信頼関係にも影響してくるので、絶対にやらないようにしましょう。

ひっくり返ったカメさん状態になっている子どもの気持ちを「わかってるよ」と認めてあげたら、次にやることは子どもを連れ出すこと。店員さんや周りの人に「すみません」と声をかけ、店の迷惑にならないよう、ジタバタする子どもを抱き上げてお店の外に連れ出します。抱き上げてスキンシップをとることで、「ママはあなたを見捨てていない」のメッセージを伝えることになり、「お菓子がほしくて泣いていることもわかっているよ」を伝えることにもなります。

子どもはまだワアワア泣いていると思いますが、外に連れ出したら、そこで「今日はお菓子を買えるお金はないの。だから買えないんだよ」と子どもに話して聞かせます。

といっても幼児期は、「お金がなくて買えない」という抽象的なことが、まだ理解できません。お金とお菓子の関係性を言葉で説明して理解させるのは、この年齢の子には難しいことです。

そこで私がやっていた方法がダミーの財布です。中に35円ぐらい入れておいて、買い物に行く際は必ず持っていきました。

子どもがお菓子をほしがって駄々をこねたら、毎回小銭を見せながら「あなたがほしがっていたお菓子は１０５円するの。でもお母さんが持っているお財布の中のお金はこれだけなんだよ。35円で１０５円のお菓子は買えないの。だから今日はどうしても買えません」と話して聞かせていました。

35円と１０５円の価値の違いがわからなくても、「お金がなくて買えない」と言葉だけで伝えるより、お金を見せて教えてあげるほうが具体的です。

この方法は経済教育にもつながります。世の中のものはお金と交換して手に入れることや、今持っているお金以上のものは手に入れられないという基本的な知識と情報は、小さいうちから教えたいと私は考えています。

お金とはどういうもので、どうやったら上手に使えるかを教えておかないと、ほしいものがあったら我慢がきかず、借金して買うのが当り前となってしまうかもしれません。手持ちのお金の中でどうやり繰りするかを考えることは、社会に出てからお金で失敗しないためにも大切です。

お金の価値や、お金の計算の仕方はわからなくても、ものがほしくて駄々をこねているときは、お金について教えるいいチャンスになります。ダミーの財布を使っての説明、ぜひやっていただきたいと思います。

CASE 8

お風呂を嫌がる

子どもがとにかくお風呂嫌い。入りなさいと言ってもグズグズして嫌がり、毎日「はやく入りなさい！」「ヤダ！」の繰り返しでうんざり

お風呂に入らないと汚いでしょ！　はやく入ってきなさい！

今日は入らなくてもいいけれど、お布団が汚れるから足はちゃんと洗ってね

お風呂は毎日入らなくても死にません

子育ての優先順位として何がトップにくるかを考えると、子どもの生命を維持すること、生き延びさせることだと私は考えています。とくに親の手がまだまだ必要な乳幼児期の生活の中で、親が真っ先に考えなくてはいけないのが命を守ることです。

それが脅かされる子どもの危険な行為・行動に関しては、鬼の形相で叱らなくてはなりません。たとえば赤信号なのに飛び出そうとする、ナイフをいじって人に向けているなどを目にしたら、全身全霊で止めて、子どもが恐れおののく勢いで叱る必要があります。

でも、それ以外の「命に関わらないこと」について、この時期の子どもを叱らなくてはいけない場面など、ほとんどないというのが私の持論です。

お風呂が嫌いで、お風呂に入りたくないというのも叱るようなことではありません。「えー！ それじゃ汚いじゃないですか！」と言う声も聞こえてきそうですが、数日お風呂に入らなくても人は死なないですよね？ 死なないことは無理してまでやらなくていいと、相談に来る方たちにも言っています。

何度も繰り返しになりますが、0～5歳の子どもの育ちで最も大事にすべきなのは睡眠です。

「今日はいろいろやることが多くて、お風呂に入れていると寝る時刻がズレてしまうかも」というときは、お風呂をサボっても構わないと思います。お風呂については、それぐらいゆるく考えてもいいのではないでしょうか？

子どもがお風呂嫌いで、毎日「はやく入りなさい！」と叱って急かすぐらいなら、「そう。じゃあ、入らなくていいよ」でよいと思います。

わが家も娘が小さいときはそうしていました。1日、2日入らなくても死にはしませんから、生活の中の優先度でお風呂はかなり順位が下。「今日はお風呂入りたくない！」と言われたら、「いいよ」と答え、「その代わり、足は洗ってお布団の中に入って」とだけは伝えました。

「外を走り回って、そのままの汚い足で布団に入られると布団が汚れます。それは困るので足は洗ってね」

「顔は洗っても洗わなくてもいいけれど、顔に給食を食べたときの残りがついていると、夜中にゴキブリさんが顔をかじりに来ます。それをイヤだと思うなら顔も洗ってね」

このように言って、あとは娘の判断に任せました。「入らなくてもいいけれど、足だけは洗ってほしい。なぜならお布団が汚れるのは困るから」と論理で説明すると、子どももその通りにしてくれます。

毎日お風呂を巡ってのバトルが起こるなら、「じゃあ、ここだけは洗って」と譲歩し、体を洗う回数を減らしたほうが親子関係も健全です。

それに「お風呂イヤだ！」も、おそらくは小さいうちだけでしょう。大きくなって友だちの目が気になるようになったり、思春期に入って恋愛感情などが芽生えるようになれば、そのようなこともなくなります。

ゲームをやり出すと止まらない

ゲーム大好きで、ご飯や宿題もそっちのけでずっとゲームばかり。やめなさいと言っても聞かないし、しばらくゲーム禁止にしようかしら

やめなさいと言ってるのにやめないなら、ゲーム禁止！　取り上げるよ!?

ご飯を食べるのと寝る時間を考えると、あなたの自由時間は４時から５時半まで。その間は何をしてもいいよ。自分で決めてね

宿題も勉強もゲームも自由時間内で

脳の育ちから言うとゲーム機を使ったゲームはよいことがほとんどないと私は思います。とくに5歳までの脳にはゲーム機やIT機器は基本的に不要です。

〝からだの脳〟をしっかり成長させていく時期は、五感からの刺激をたくさん入れることがよい脳をつくっていく必須条件。ゲームをしたり、ユーチューブを観たりするより、体を使って戸外で遊ぶ時間を増やすほうが脳は大きく育ちます。ゼロにしろとは言いませんが、ゲーム機やIT機器を使う時間は極力少なくしてほしいと思います。

小学校に上がってゲーム漬けにならないようにするためにも、それまでの間に、ゲーム機やIT機器に触れさせる時間を少なくしておくこと、そしてもうひとつ、もし使わせるのであれば、時間を決めておくことが大事です。

寝ること、起きること、食べること、体を動かすことを生活の土台に置いて、脳を育てるためにもその生活は絶対に崩さないようにし、生活リズムに影響しない夕方の30分だけやらせるというように決めておけば、小学校に入ってから「ゲームばかりやって困る！」にはならないでしょう。

子どものゲームについての悩みは、時間のルールをつくってこなかったことから起こります。「もうやめなさい」と親が言っているのに、ダラダラやり続けてやめようとしない、いくら言っても言うことを聞かないので頭にきてしまうと親御さんたちは言うのですが、やっていて楽しいのですから、「やめなさい」と言われるだけではやめようとしないのは当然なのです。

野放しでやらせてきてしまったのであれば、「言ってもやめないのだから」とゲーム機を取り上げたり、「テストで100点取ったらやっていい」と交換条件を出したりするのではなく、まずはルールをつくりましょう。

低学年の間は親が考えて決めていいと思います。その際のポイントは、寝る時間だけは守れるように、学校から帰ってきたあとの子どものタイムスケジュールをつくって、自由に使える時間がどこかを把握することです。

その自由時間はどう使うのも自由。ただし宿題も勉強もゲームもこの自由時間内でやるということをルールにしてみてください。

寝る寸前までテレビやゲーム、デジタル機器を触ることは寝つきを妨げますので、９時就寝なら８時以降は触らせないことを考慮しながら、習い事や塾、ご飯、お風呂と項目を入れてタイムスケジュールをつくり、子どもに見せながら説明します。

「ここからここまでは塾の時間、ここからここまではご飯の時間、それから寝る時間がここ。寝る時間だけは絶対に守ります。そうすると○時から○時まではあなたが自由に使える時間ということだね。この時間は自由時間だからどう使ってもいいよ。この時間で宿題や勉強をしてもいいし、ゲームもＯＫだよ」

それだけ伝えて、あとは子どもに任せます。親がすることはご飯の時間と寝る時間を一定にすることだけです。

自由時間で子どもが何をしていてもノータッチ。ゲームで全部の時間を使ってしまい、宿題や勉強をまったくしなかったとしても口出しは無用です。それで困ったら、「先に宿題をしてからゲームをする」と子ども自身が考えるようになります。「ゲームの時間はここからここまで」と決める以上に、自己決定力、自己コントロール力、統制力が身についていくのでお勧めです。

CASE 10

宿題・勉強をしない

放っておくといつまで経っても宿題や勉強をやらないので、「やりなさい」とお尻を叩いてやらせる毎日。自分から進んでやる子になってほしいのに…

宿題はどうしたの!?　どうしてやらないの!?　ゲームばかりやっていないでちゃんと宿題やりなさい！

ここがあなたの自由時間。この中で宿題と勉強とゲームをやってね。何をやるかはあなたの自由だよ

何か役割をもたせると「勉強も頑張ってやろう」になることも

子どもが学校に入ってからの親御さんの嘆きNo.1が「宿題と勉強をやらない」です。「どうして宿題やらないの！」「ゲームばかりやっていないで勉強しなさい！」と、どの親御さんも子どもを叱ります。

「どうしたらやるようになるのでしょうか」という相談も受けるのですが、私が提案する解決策は、前項のゲームの悩みでご紹介したように、「子どもの自由時間の中で、子ども自身に何をするか決めさせる」です。

勉強や宿題は、本人がその気にならなければやりません。親がいくら「やりなさい！」「やらないと困るよ!?」と叱っても、勉強や宿題をやらなかったことで困った経験をしないうちは、やる気にはならないものです。

「勉強は○で、ゲームは×」と考える親御さんは多いのですが、自由時間内で自由にやる方式にすると、おそらくはやらなければいけなかった宿題をやらず、ゲームばかりしてしまって、翌日「シマッタ！」と焦る経験をするでしょう。そうした経験を重ねることで、「ゲームを先にやるより、宿題と勉強を先にやるほうが安心して遊べる」と考えるようになるので、ゲームも使いようなのです。

6〜9歳の低学年から自分で考えて決めさせるようにしていくと、高学年になっても、中学・高校に進んだあとも、忙しいスケジュールの中、自分自身で時間配分を調整して動けるようになります。

子どもも親も、勉強や宿題を巡ってイヤな思いをしなくてすむようになりますし、子どもの考える力や自己肯定感も育ち、一石二鳥ではないでしょうか。

もうひとつお勧めしたいのが、家族全員の生活に役立つ役割を何か決めておくことです。洗濯物をたたんでタンスにしまうでも、洗った食器を戻すでも、お風呂を洗うでも何でもいいのですが、自分がやらないと他の家族が困ってしまう責任ある役割を何か任せるのです。

わが家の場合は「あなたがつくらないとお母さんは朝ご飯が食べられないから必ずお願いね」と言って朝食づくりを一任しました。最初は失敗続きでしたが、毎日続けるうちに料理が上達し、料理上手であることは本人の自信にもなりました。

朝起きて食卓につくと、頑張って用意してくれた料理が並ぶので、これほどありがたいことはありません。テストで100点を取っても娘に「ありがとう」は言えませんが、朝食を用意してくれたことには、心から子どもに「ありがとう」が言えます。

試験で大変なときも朝食づくりはサボらず、起きる時間をはやくして勉強時間を増やして頑張る姿を見て、「試験前で大変みたいだから、今日は大サービスでお母さんがつくるね」と言うと、「わあ、助かる！　ありがとう！」と、空いた時間を進んで勉強にあてていましたし、親から「ありがとう」と感謝され続けてきたことは、自尊心を高めることにもつながってくれたと思います。

家族のために責任ある役割を果たし、家族から「ありがとう」をたくさん言われると、「自分ってできるじゃん！」と自分への自信がもてて、「勉強も頑張ってやろう！」という気持ちになります。「勉強、勉強」と言い続け、「なんで勉強しないの!?」と頭を悩ませるより、そのほうが親もラクではないでしょうか。

CASE 11

男の子なのに活発じゃなくて心配

遊びに来た友だちが外でサッカーをしているのにひとりだけ家で絵を描いている息子。外遊びは好きじゃないみたいで、男の子なのにちょっと心配

男の子なんだから、ずっと絵ばかり描いてないで外でもっと元気に遊んだら？

そこにその色を使うなんて、すごいねー！　いいセンスだね

性差だけで捉えないでその子の個性を見ましょう

男の子は友だちと外をかけ回り、元気に体を動かして遊ぶもの、女の子は友だちといても静かで「ごっこ遊び」のようなものが好き、このようなイメージをもちがちです。

男の子・女の子全体として見ると、そうした傾向はあるかもしれません。けれども子どもも個々で見ると、男の子でもおままごとが好きだったり、女の子でも木登りや冒険が好きだったりということがあります。

男の子なのに外遊びが好きじゃなくて、友だちとかけ回るよりもひとりでいるほうを好むインドア派の子もいるでしょう。それはその子の個性です。

男の子は外遊びをするものと決めつけてしまうと、「男の子なのにおかしいのではないか」「男の子なんだから、もっと活発になってほしい」など不安や要望がふくらみ、子どもの個性を見てあげられなくなります。

私が教えている大学のゼミ生でも、近年は「ケーキ焼いてきました」「クッキー焼いてきました」と言って、お菓子を手づくりして持ってきてくれる男子学生が増えました。「男の子なのに」と制限をつけず、「この子は料理やお菓子づくりが好きなんだな」と考えて、親御さんがどんどんやらせてあげていたのだろうと思います。

好きなことや得意なことは子どももそれぞれです。男の子や女の子といった性差だけで捉えないで、ひとりの人間として「この子はどういう個性をもっているのだろう」と観察してあげてください。

手先が器用、味の違いがわかる、色彩センスがある、数字に強いなど、男女の枠を超えて、その子のよいところを認め、「すごいね～、ママより卵焼きが上手じゃない！」「その色を使うなんて、ママ思いつきもしなかったわ！いいセンスだね」など、どんどん言葉にしてあげてほしいと思います。

個性を観察していくと思わぬところで才能が花開くかもしれません。

脳に関して言うと、一般的に男性の脳は右の脳と左の脳をつなぐ架け橋（脳梁（のうりょう））の部分が細く、女性の脳は太いといった解剖学的な違いがあります。脳梁が細いと「一点集中型」、太いと「マルチタスク型」になります。

脳梁が細い男の子は、ひとつのことに没頭しやすく、脳梁が太い女の子は、いろいろなタスクを同時にこなす同時処理能力に長けるとされています。もちろん男の子でも「マルチタスク型」、女の子でも「一点集中型」の子はいるので、わが子のタイプを見てあげましょう。

活発に動き回るより、ひとりで何かを描いたり、何かをつくったりしているほうが好きなら一点集中で頑張れる力が高い子ですので、そのよさにも目を向けてあげるとよいと思います。好きな趣味が確立すると、中学以降、他者と自分をそれほど比較しないで「自分は自分」と思えるようになっていく子は少なくありません。

さらに一点集中型の子には、マルチタスクで処理できる力をつけてあげられたら鬼に金棒、社会に出てからも強いですよね。

同時に処理できる脳を育てていく最適な方法が「料理」です。料理は、たとえば味噌汁をつくりながら卵を焼き、同時に焼き魚の様子も見て、すべてをホカホカの状態で食卓に並べる究極のマルチタスクです。ぜひ子どもには料理をさせましょう。

CASE 12

やりたいと言ったのに習い事が続かない

習い事をやりたいって言うからやらせたのにサボってばかり。しかも始めて間もないのにもう「やめたい」と言い出して…

NG

あなたがやりたいって言い出したのに、なんですぐやめたいとか言うの！　やめてもいいけど、すぐやめるのはダメ。お金がもったいないでしょ！

OK

そうか、もうやりたくないんだね。それなら月謝の8000円はママのエステ代にさせてもらいます

やめさせる理由を子どものせいにしないよう気をつけて

習い事に関する相談で多いのが「やめたいと言うのですが、簡単にやめさせると頑張る気持ちが育たなくて、イヤなら逃げればいいと思ってしまうかもしれない。たとえ叱ってでも、頑張って続けさせたほうがいいでしょうか？」です。

子どもがやりたいと言ったから、ピアノも習字もサッカーもやらせたのに、ちょっと通っただけで「行きたくない。やめたい」と言い出した。それを簡単に許すと子どもに頑張る力が育たなくなるんじゃないか、飽きっぽい子にしてしまうのではないか——。

親御さんたちにはこうした不安があるのですね。

基本的に、子どもがやりたいと言ったものは、経済的に余裕があるのであればやらせてあげればよいですし、「やめたい」と言い出したらやめさせてあげてよいと思います。

6〜9歳の子は、親に連れられて体験学習に行けば、簡単に「やる！　行きたい！」となります。「やめたい」にも、それほど正当な理由があるわけではありません。「自分には向いていないと思うから、これ以上続けるより他のことに時間を使いたい」「友だちと遊ぶ時間が減るのはイヤだから習い事を少し減らしたい」など、自分なりに考えた末の「やめたい」というより、「やっていておもしろくない、つまんなくなっちゃった」というほうが多いでしょう。

そのままやめさせたら飽きっぽい子になる、根性なしになるといった心配もする必要はありません。

少しずついろいろな体験をしていく中で、自分が本当におもしろいと思えるもの、「自分はこれが好きだなー」と思えるものに巡り合う可能性があり、そのほうが子どもの育ちにつながります。

ですから親は「短い期間だったけれど、いろいろな経験ができたし、させてあげられてよかった」と思えばよいと思います。

一点だけ気をつけたいのは、やめさせる理由を子どものせいにしないということです。

「せっかく一生懸命送り迎えもしたのに、サボってばかりでお金がもったいなかったから、やめたいならやめていいよ」「やりたいって言い出したのはあなたなのに、真面目にやらないならいいよ、やめても」

こう言われたら子どもは「親にイヤな思いをさせる自分はダメ」と思ってしまいます。自己肯定感ももてなくなってしまいます。

やめさせるにしても子どもに「自分のせい」と思わせないように、

「うちの家計はこれぐらいで、やっている習い事の月謝は8000円するんだ。でも、やめたいんだね。それならこの8000円はママのエステ代にさせてもらうね」

「月謝はパパとママが働いて稼いだお金から出しているので、サボってばかりでもう行きたくないと言うなら、遠慮なくエステに行くお金にさせてもらうね。○ちゃんもママがきれいで元気なほうがいいよね?」

などコストを理由にしてあげるとよいでしょう。子どもの自己肯定感も傷つかず、低学年のうちから家のお金のことをしっかり教えてあげられる機会にもなります。

CASE 13

落ち着きがなくてじっとしていられない

座っていてもすぐにキョロキョロして、いきなり立ち上がったり、とにかくじっとしていられない。どうしたら落ち着いた子になってくれるの？

どうしていつもそうやってじっとしていられないの!? 少しは落ち着いて座っていなさい！

そうやっていろいろなことが知りたいって思うの、すごくいいね！ 将来は発明家になれるかもよ？

落ち着きがない子は知的好奇心が旺盛な子

落ち着きがないこと、じっとしていられないことはネガティブに捉えられがちです。いろいろなものに目がいって、話を聞いているのかいないのかわからない。座っていると思ったら、そわそわしだしてそのまま立ち上がり、目の前のトンボを追いかけて行ってしまう。「学校でもこんな調子なのかしら？座って授業が聞けているのだろうか」と心配になってしまうでしょう。

「小学生になったのに」と親は思うかもしれませんが、脳の発達で言うと、6～9歳はまだ〝からだの脳〟が働いています。そのため気持ちが向くと、本能のままに行動してしまうところがあるのです。

それに落ち着きがない、じっとしていられないというのは、見方を変えればとても素敵な個性です。いろいろなものに興味がもてて、知的好奇心が旺盛な子と言えるからです。

知的好奇心が旺盛であることは探究心や発想力につながります。

落ち着きがないとマイナスに考えないで、子どもがどんなことに興味をもっているのかを観察し、たとえば「へえ、○ちゃんは石が好きなんだねー。珍しい石を見つけるのがこんなに上手だなんて、ママ知らなかったなあ」とちょっとおもしろがって子どもの興味を認めてあげると、それが「自分はこれでいい」という自信につながっていきます。

ですから落ち着きがないことをネガティブに捉えて、「どうしてあなたはいつもそうやってじっとしていられないの⁉　少しは落ち着いて座っていなさい！」と叱り過ぎないようにしてください。

宿題をさせているときは、親御さんのダメ出しが出やすくなります。「横について宿題を見ているのに、すぐにあっちこっち気が散ったり、よそ見をしたりして少しも進まない。本当に落ち着きがなくて、小言が増えちゃうんです」と言う親御さんはたくさんいます。

けれども、気が散ったり、よそ見をしたりしてしまうのは子どものせいではありません。宿題をやろうと机に向かっているのに、いろいろなものに目がいってしまうのは、目につくところにそうしたものがあるからなのです。

机の周りにおもちゃや携帯ゲーム機があれば、子どもはやっぱり気になります。それでなくとも勉強や宿題が大好きという子は滅多にいませんので、目につけば「お？　これってどうなってるんだっけ？」と、つい手を伸ばしたくなります。

また「よそ見ばかり」というときの最も多いパターンが、テレビの点けっぱなしです。テレビの音が流れているリビングで宿題をやらせようとしても、テレビが気になってそわそわして落ち着かないのは当り前のことなのです。

「テレビなんか観ないで、ほら宿題やりなさい！」と言う前に、まず「テレビが点いていると気が散っちゃうもんね。宿題やっている間は消しておこうね」とテレビを消すことが先決です。

また、テレビの内容が気になって「総理大臣って新しい人になったの？」「雄ライオンっていつもゴロゴロしてるの？」などと質問されたら、「そんなのいいから宿題やりなさい」ではなく、「そうだよ」と受け止めて答えてあげてほしいと思います。知識を入れることになりますし、親がちゃんと答えることで親から認められている気持ちをもちやすいからです。

CASE 14

集中力がない

宿題や勉強をしているとすぐに飽きてしまい、集中が続かない。叱らずにちゃんとやらせるにはどうしたらいいの？

ちゃんと集中してやりなさい！　宿題が終わるまでご飯なしよ！

5分間で漢字ドリルの漢字を何個書ける？

勉強タイムを短くすることが集中して勉強させるポイント

やっていて楽しいことや好きなこと、熱中していることには、どんな子も集中力を発揮します。その証拠に、好きなことをしているときは親の呼び声が聞こえないくらい没頭して、夢中になっているはずです。ですから基本的に集中力がない子はいません。

集中力が出てこないのは、やりたくないこと・イヤだなと思っていることをやっているとき限定です。

大半の子どもにとってやりたくないこと・イヤだなと思っていることの筆頭が宿題と勉強ですよね。勉強自体は、教科によって「やっていておもしろい」と感じるものがあるかもしれませんが、宿題は100%「やらされる」ものです。やりたくてやっているわけではないけれど、やらなければ親や先生に叱られます。だから仕方なくやります。だから集中できないのです。

宿題や勉強を集中してやらせたいなら、前項でも触れたようにまずは、子どものの気が散るものをなくして、テレビを消し、気が散らない環境を整えることが大切です。

そのうえで勉強時間についても考え方を変えましょう。勉強させる時間は長ければいいというものではありません。長い時間やっても勉強できるようになるわけではないですし、「宿題が終わるまで寝ちゃダメ！」や「終わるまでご飯なし！」と脅して集中させようとするのは意味がないうえ、自己肯定感育てから見てもやり方を間違っています。

勉強は、いかに短時間で効率を上げるかを大事にすると成果が上がりやすくなります。ですから勉強時間は短く細切れにするほうがよいのです。細切れにすれば集中力も落ちません。まずは5分を勉強タイムの区切りにしましょう。

タイマーを用意して5分にセットし、次に「5分間で漢字ドリルの漢字を何個書ける？」のように子どもに見通しを立てさせます。自分なりに考えて「1個」と答えたら、「わかった。じゃあ5分で漢字1個ね」とタイマーを押し、書き終えたら「おっ、まだ4分35秒も残ってるのに1個書けた！　すごいじゃん！」と言ってあげます。これで子どもの中に「自分ってできる」の気持ちが生まれます。

同じように「次の5分で何個書くことにする?」と聞き、「う〜ん。じゃあ、3個」と答えて書き終わったときに「あっ、まだ2分も残ってるよ。すごい! はやい!」と認める言葉をかけてあげます。

このように少しずつ、単位時間あたりで自分の能力がどれくらい発揮できるかを見通しとしてもてるようにしてあげるのです。

学年が上がって宿題が多くなってきたら、「5分じゃなくて何分にする?」とたずねて子どもに決めさせればよいですし、親が認めながらやっていけば子どもの自信になり、最終的には自分で計画を立てて学習することができるようになります。

6〜9歳から、時間を短くして、集中して効率よく、自分の能力に見合った学習をする習慣をつけていくと、〝こころの脳〟ができあがる高学年には自分で学習できる子になります。「自分はできる」の気持ちにつながり、自己肯定感を高めていくことにもなります。

CASE 15

忘れ物が多い

忘れ物が多いわが子。今日も忘れ物をしたみたい。親が持ち物を揃えてやることも多いのだけれど、どうやったら忘れ物をなくせるの？

明日は何持っていくの？　ちゃんと用意した？　忘れ物したら困るでしょ？　しないように自分で気をつけなさい！

そのときどうしたの？　明日から忘れ物しないようにするにはどうしたらいいと思う？

子ども自身が気づいてその気になれば気をつけます

忘れ物は子ども自身が困らないとなくなりません。入学したばかりの時期は、持ち物の準備に慣れるまで親が気にかけてあげてほしいと思いますが、自分で準備ができるようになったら、見守ることを大切にしましょう。

忘れ物がないように親が細々チェックしたり、忘れ物を見つけるたびに学校に届けてやったりすることは、子どもの成長をかえって妨げます。どうしても気になるのであれば、「学校に持っていくものをもう1回見直して、忘れ物がないようにしておくのよ」と声をかける程度に留めます。

自分のことは自分でやれるようにするには、6~9歳のこの時期が肝要になります。手を貸すにしてもほどほどにし、基本的に親は手を貸さないということを子どもが認識するようにしていきましょう。

もし忘れ物をしていることがわかったとしても、見ない振りでグッと我慢です。あえて目をつむって学校に送り出し、学校から帰ってきたらさりげなく「今日は忘れ物なかった?」とたずね、「○○忘れちゃった」と答えたら「そのときどうしたの?」と聞いてみます。

「先生に注意された」「隣の子に見せてってお願いした」「友だちが貸してくれた」「忘れ物しちゃってドキドキしたけど使わなかった」などの答えが返ってきたら、「そうか。先生に注意されちゃったのか」「お友だちが貸してくれてよかったね」「使わなかったけれどドキドキしちゃったんだ」と返して、「じゃあ、明日から忘れ物しないようにするにはどうしたらいいと思う?」と言ってあげることで、自分で対処法を考えるようになっていきます。


その後、困らないように自分で工夫して持ち物に気をつけていることが見えたら、「すごいね。忘れ物がないようにそうやって自分でメモしているんだ」と認める言葉をかけてあげます。「友だちが絶対貸してくれるから大丈夫」という態度がありありのときも、否定しないで「助けてくれる友だちがたくさんいるんだねー」と認めます。そう言い切れることは友だちを信頼できて、自分も好かれているという確信がもてているということですから。

何を隠そう、娘がこのタイプで、小学校のクラスの黒板に「忘れ物大王成田」と書かれるぐらい忘れ物が多い子どもだったのです。担任の先生から注意されるたびに「申し訳ありません。本当にすみません」と親は謝り通し。でも「困ったら本人が何とかする」と思っていたこと、本人にもまったく困った様子はなかったことで厳しく言うことはしませんでした。

あるとき「忘れ物大王で困ることはないの？」と聞いてみると、返ってきた答えは「忘れ物しても誰かが必ず助けてくれるんだよね。ワタシって人気者だからさ～」と、あっけらかんとしたもの。その娘も中学に入学したあたりから、忘れ物をほとんどしなくなりました。自分がどうしても参加したい学校行事があり、それに参加するには提出物を忘れないことが条件と学校から言われたことがきっかけでした。

娘のケースは極端ですが、どんなに忘れ物が多くても、子ども自身が気づいて、その気になれば自分で気をつけるようになります。

ですから手を貸すにしてもほどほどに、なのです。自分が気をつけるでも、友だちの助けを借りるでも、どのような方法でも、困った状況に対処する仕方を自分で考えられるようにしていくことのほうが大切です。

CASE 16

恥ずかしがって積極性に欠ける

引っ込み思案で、自分から進んで参加したり、手を挙げて発言したりできなくて、見ているともどかしくなっちゃう。もっと積極的になってほしいのに

ほら、○ちゃんもちゃんと手を挙げなさい。みんな挙げてるよ？

そうやって物事を慎重に確認して、行動できるのって○ちゃんのよさだね

引っ込み思案の子は状況を見極めて行動する慎重さのある子

恥ずかしがって自分から手を挙げて参加したり、積極的に輪の中に入ったりできない引っ込み思案も、ネガティブに捉えられがちです。

いろいろなことに積極的になってほしい、どんどん手を挙げる子になってほしいという気持ちが強いからか、モジモジして積極性がないというだけで「うちの子は……」とダメ出しをしてしまう親御さんは結構います。

何でも「ハイ、ハイ」と手を挙げられるタイプの子もいれば、そうではない子もいます。積極的でないことはマイナスと思ってしまうと、その子のよさを見落としがちになってしまいます。

時折、いつまでもモジモジしているわが子に業を煮やして、「ほら、○ちゃんもちゃんと手を挙げなさい。みんな挙げてるよ?」と親が子どもの手をつかんで挙げさせたり、「○ちゃんもみんなの輪の中に入ってやりなさい」と背中を押して参加させたりしている光景を見かけますが、そうした無理強いは子どもの不安を強めるだけです。積極性が身につくようになるわけではありませんし、「できない自分はダメなんだ」という思いを植えつけてしまうだけで自己肯定感を育てるうえでもNGです。

そもそも引っ込み思案であることは、そんなによくないことでしょうか？　引っ込み思案とは、見方を変えれば、状況をじっくり見極めて行動する慎重さをもっているということです。そう捉えれば決してマイナスではありません。

以前、リズム遊びのスペシャリストと、小学生の子たちを対象にリズム遊びのワークショップを行ったことがありました。

子どもたちには何も教えないで、フライパンなどを叩きながら、リズムに乗って先生が踊るのを見せるというところから始めたのですが、すぐにノリノリで一緒に踊り出す子もいれば、様子を見ているだけの子もいて、子どもの姿はいろいろです。

様子を見ている子も、少し見て参加する子もいれば、ジーッと見ているだけの子もいました。ではジーッと見ているだけの子が最後までそうだったかというとそうではなく、「やってごらん」や「一緒にやろう」の声かけをしなくても、やがて自分から参加して楽しそうに踊っていました。

こうした子は、ジーッと見ている間、みんなの動きを一度脳の中に入れて、リハーサルをしているのです。ですから積極性に欠ける子というのは、裏返すと物事を慎重に確認して、理性的に分析し、把握する子でもあるのです。

そう考えると、ものすごくよいものを持っていると思いませんか？

引っ込み思案で積極性には欠けるかもしれませんが、だからと言ってその子に協調性や社会性がないわけではないのです。むしろ他の人の動向を頭の中に入れて動くことができるという意味では、他者の立ち位置も考慮しながら自分の行動を決められる、本当の自己肯定感が育ちやすいとも言えます。

「どうしてうちの子は積極的じゃないんだろう」と思わないで、ぜひよい面を見てあげてほしいと思います。

CASE 17

友だち関係がうまくいっていないみたい

子どもから「友だちに叩かれた」と聞いて、学校でいじめられているのではないかと不安。担任の先生に対応をお願いすべき？

○君に叩かれたの!?　わかった、お母さんが先生に話をするからね

○君が叩いてくるんだ。それは悲しいし、悔しいよね。それで、あなたはどうしようと思っているの？

親は介入せず、子どもに解決策を考えさせて

子どもが友だちとトラブルになっている、何だか乱暴なことをされたようだと知ったとき、やってはいけないのが親の介入です。

親の態度としてよくありがちなのは、子どもの言葉を鵜呑み（うの）にして「うちの子がこんなことをされたらしいんですけど、どういうことでしょうか」と先生を問い詰めたり、相手の親に連絡して親同士で解決しようとしたりすることです。これは絶対にしてほしくありません。

「まだ低学年なんだからかわいそう」と思っても、最終的に自分で考えて自分で行動できるようにしていくこと、そうした脳を育てていくことが6～9歳のときの親の役目です。

それに親が乗り込んでいくことで、子どもが学校に行きづらくなったり、友だちとの関係が本当に壊れてしまったりすることもあります。

親がしてあげるのは、子ども同士でどのように解決しようとするのか、もしくは自分の子どもがどう解決しようとしているのか、その考えを聞き出してあ

げることです。

紆余曲折(うよきょくせつ)ありながら、人との距離の取り方や関わり方を学んでいくことが、本当の自己肯定感をつくるためにはとても大切です。「友だちとうまくいっていないかも?」は、そのためのチャンスになります。

子どもが「友だちにいじめられた」のように言ってきたら、まずは「それはイヤだったね。何があったの?」と事情を聞くことが先決です。

「○君が叩いてくるんだ」と言ったら、「そうなんだ。○君が叩いてくるんだ。それは悲しいし、悔しいよね」とオウム返しで受け止め、「それで、あなたはどうしようと思っているの?」と聞いてあげます。

「ボクも殴り返す。だって悔しいもん」「そうだよね、悔しいもんねぇ。そうかあ。○君を殴り返すのね?」「うん。やられたらやり返す」「そうかあ、やられたらやり返すんだ」とオウム返しをしていると、親が気持ちを受け止めてくれたことで安心し、そのうち「うーん、でもやっぱり殴るのやめる」「殴ったら○君も痛いし、友だちでなくなっちゃうのはイヤだ」と言い出すようになります。

「そうか、じゃあ、どうするの？」「ちゃんと話をする」「うん。どんな話をしたらいいだろうね」「叩かれるとイヤな気持ちになるから、お互いに叩くのはやめようって言う」。このように話を引き出していくと、自分の中でだんだん解決策を見出していくようになります。

「いじめられた」「叩かれた」「無視された」と聞くと、親も心がざわつきますよね。「どうするの？」と問いかけて、「殴り返す」とか「やり返す」なんて言葉が出てくると、「それはダメでしょ⁉」と焦ったりもします。

けれども、それがよくない方法であることは子ども自身もわかっています。友だち関係で何かあったときは、オタオタせずに「この子は自己肯定感においてとても大切な、相手とのうまい関わり方を練習しているんだ」と考えて、上手に子どもを導いてあげてほしいと思います。

CASE 18

学校に行きたくないと言い出した

ちょっと元気がないなと思っていたら「学校に行きたくない」と言い出した。このまま不登校になったらと考えてしまい、どう対応したらいいかわからない

学校に行かないなんてダメ！　学校には必ず行かなければならないの！　将来まともな人になれないよ？

そうか、学校行きたくないんだ。行きたくないのはどうして？

親の体験談や失敗談を話してあげるのもGOOD

友だちとのトラブルと並んで、「学校に行きたくない」も親御さんたちの気持ちを焦らすひと言です。「このまま不登校になったらどうしよう！」と、とても心配して大ごとにしてしまいがちです。

でも6〜9歳の「学校に行きたくない」は、基本的に慌てなくて大丈夫です。子ども自身は学校には行かなくちゃいけないことを知っています。ですから「どうしよう」と怯(おび)えないようにしてください。

「明日は学校に行きたくないなあ」と言い出しても、本気で「絶対に学校なんて行ってやらない」とは思っていませんので、深刻に捉えて事を荒立てたりしないようにしましょう。それをしてしまうと、子どもはかえって身動きがとれなくなり、本当は行ったほうがよいとわかっているのに学校に行けなくなってしまう、といったことになりかねません。

「学校に行かないなんてダメよ！　学校には必ず行かなければならないの！」「学校に行かないと将来まともな人になれないよ」といった正論でお説教した

り、強引に学校に連れて行ったりすることも禁物です。

「学校行きたくないんだ」と言われたら、「そうか、学校行きたくないんだ」とオウム返しで、その気持ちを聞き取ってあげてください。気持ちを聞いてもらえるだけで子どもは安心します。低学年の子の場合、「親に気持ちをわかってもらえた」との思いで、翌日は何事もなかったかのように学校に行ってくれることもあります。

「学校行きたくないのはどうして？」とたずねて子どもの話をひと通り聞いてやり、「わかった。〇〇だから学校に行きたくないのね？」と受け止めたうえで学校を休ませてもよいと思います。


親は、子どもが学校に行かないことをとてもよくないこと、いけないことと思ってしまいますが、自分の子ども時代を振り返ってみれば、毎日毎日楽しくて、何の憂いもなくルンルンしながら通っていたと言い切れる方は少ないのではないでしょうか。

「算数のテストイヤだなあ。休んじゃいたいなあ」「仲よしの〇ちゃんと口ゲンカしてひどいこと言っちゃったから行きづらいなあ。このまま学校休んじゃダメかなあ」など、多かれ少なかれ「学校行きたくない気持ち」を経験しているのではないでしょうか。

そうした記憶を呼び起こして、「ママも学校行きたくないと思ったことがあったなあ」と、子どもに話してあげてください。

「え⁉　ママも！　なんで？」「先生がすごく怖くて学校に行きたくなかったの。でもそのことをお母さんに言えなくて、学校に行く振りしてサボッちゃったんだ」「えー、それでどうしたの？」「学校が終わるまでずっと公園にいたんだけれど、仲よしのお友だちと大好きな話で盛り上がれないし、すごくつまらなくて、やっぱり学校に行こうと思ったんだ」

多少の脚色が入ってもいいので、このような話をしてあげると、子どもも「そうか。ママも同じだったんだ」と勇気づけられて安心します。知識として「学校に行かないことでそんな思いをすることもあるのか」と知ります。子どもの成長にもつながっていくのではないでしょうか。

CASE 19

運動が苦手でイヤな思いをしないか心配

かけっこも遅いし、体の使い方も不器用だし、わが子は運動全般が苦手。学校の体育でイヤな思いをしていないか、友だちにいじめられないか心配で…

運動できなくてもいいんだよ。でも絵はとても上手だもんね

(明るくポジティブに)あなたは本当に運動できないもんねー

「運動ができない」ことをそのままフラットに受け止める

「運動ができなくて心配」「運動ができないとかわいそう」と思う背景には、「運動ができないことはダメなこと」という価値観がないでしょうか？

子どもには、それぞれ得意なこと・苦手なことがあります。運動が苦手という子もいるでしょう。でも、運動下手で大人になってから人生が生きづらくなることはありません。走ることは遅くても、生活に支障はないですよね？ 小学生のときに運動が得意でなくても、その後の人生の多くには影響しないし、その子の価値を下げるものではないと私は思います。

もし、本人が運動ができないことを気にしているとしたら、親がその気持ちをつくってしまったためです。たとえば、「運動ができなくてもいいんだよ。でも絵はとても上手だもんね」のような言葉をかけていませんか？

じつはこの言い方は、子どもに運動ができないことへのコンプレックスを植えつけてしまいます。なぜなら「運動ができなくてもいいんだよ」は、運動ができることがいいことだという価値観を前提にした言い方だからです。「運動ができる人はえらい」という価値観を親が子どもにつくってしまい、「運動ができない自分はダメなんだ」と思わせてしまっているのです。

それに「運動ができなくてもいいんだよ」という慰めの言葉は、「親からかわいそうだと思われている」と子どもに思わせ、自分への自信を失わせることにもなります。

運動にしても、何にしても、親が言葉で苦手意識を植えつけてしまわないことが子どもの自己肯定感を高めるうえで重要です。苦手としていることを子どもも自身がコンプレックスに感じないように育ててあげてください。

それには、難しいかもしれませんが、「できないのはダメなこと」という価値観をもたず、「この子はかけっこが遅いんだ」「泳ぐのは得意じゃないんだな」と、そのままをフラットに受け止めることがポイントになります。

親の言葉に含まれているニュアンスを子どもは敏感に感じ取ります。親の言葉に「できないのはかわいそう」の気持ちが含まれていなければ、親から「あなたは本当に運動できないもんね」と言われても、子ども自身「自分はそれが不得手なんだなー」とフラットに受け入れます。

また不得手なことがあっても、「自分は大丈夫」という気持ちが育っていれば、苦手でできないことがコンプレックスにはなりません。たとえば家庭生活の中で責任ある役割を任され、それを確実にやることで家族から感謝されて、自分を心から信頼できている子なら、「自分は運動はできないけど、それが何か？」と思えるようになります。

「お母さんが何も言わなくても、お風呂洗いとお風呂の準備だけは毎日忘れないもんね。運動音痴だけど、それだけできていれば絶対心配なく生きていけるよねー」と言っても、「うん、そうだよねー」で傷つかず、コンプレックスにもならず、運動が苦手な自分をそのまま認められるようになります。

運動が苦手なことも、勉強ができないことも、算数で32点しか取れないことも、「人間なんてみんなでこぼこだし、できないことがあって当り前」と考えてみてください。「それより自分も人も大切にできる人になってくれるほうが大事」と思っていれば子育てで大事にすべき点が明確になり、親自身、子どもの運動下手がそれほど気にならなくなっていくのではないでしょうか。

注意すると反抗的になってすぐキレる

５年生になってから急に口応えが増えてきて、親の注意に反抗的な態度を見せるように。虫の居所が悪いときは乱暴な言葉で言い返してくる

「うるさいな」じゃないでしょ！　口応えばっかりして！　ちゃんとしなさい！

ゴロゴロするのもいいけど、夕食の手伝いしてくれると、助かるんだけどな

注意するときはできるだけ具体的・論理的に伝える

10歳を過ぎ、高学年に進むにつれ、子どもは前頭葉を中心とする〝こころの脳〟がどんどん成長していきます。同時に、思春期にも入っていきます。親への口応えが増えたり、「お母さん、それ言っていることおかしいよ」と指摘されたり、親としてもそれまでとは勝手が違う場面が増えていくでしょう。

〝こころの脳〟が育つ時期の子育てのポイントは、論理（ロジック）を意識して、論理的に伝えることを心がけることです。感情で物事を言ったり、注意したりすれば子どもは納得しません。感情に任せた抽象的な指示、抽象的な叱り方にカチンときて、反抗的な口調で言い返されるようになります。

屁理屈も増えます。ゴロゴロしている姿を見かねて、「ちょっとだらしないんじゃない？　もっとちゃんとしなさいよ」と注意すると、「うるさいなあ。お母さんだっていつもテレビ観てダラダラ、ゴロゴロしてるじゃない」「ちゃんとってどういう意味？　ワケわかんない」と言われたりします。

そう言われると親もカチンときますが、屁理屈＝前頭葉の成長と思って、同じ土俵には上がらず親が一枚上手になりましょう。

この時期の子どもへの「ちゃんと」「きちんと」のような抽象的な注意は、「ちゃんと掃除しなさいよ。なんでいつもこんなに汚くしてるの？　だらしないでしょ」「うるさいなー。ちゃんとやってるよ！」「全然ちゃんとしてないじゃない！　もっときちんとやりなさいよ」「きちんとやってるじゃないか！」「これのどこがきちんとなのよ⁉」のように、あいまいな言葉の応酬となって、売り言葉に買い言葉の不毛なバトルになっていきがちです。

これは、親は部屋全体がすっきり整理されていることを「ちゃんと」だと思い、子どもは自分がわかるようになっていることを「ちゃんと」だと思うイメージの違いから起こるもの。「つまずくと危ないし、服がしわくちゃになるから、本は本棚にしまい、服はハンガーにかけて、床に物がないようにしてちょうだい」と、できるだけ具体的・論理的に伝えるようにしましょう。

子どもの話を聞くときは否定から入らないことも大切です。否定から入ると、これも子どもの「カチン」を招き、反抗的になり、キレたりすることが出てきます。たとえば日頃から「〇〇のやつ、ムカつく！　ぶっ殺してやりたい」

という子どもの言葉に「ぶっ殺すなんて言葉使っちゃダメでしょ！」といった否定から入ることが多いと、「うるせーな！」「何がわかるんだよ！　クソババア！」になりがちです。

「うちの子、注意するとすぐキレるんです」と困っている場合、子どもの言葉に否定から入っていないか振り返ってみてください。

「○のやつ、ムカつく！　ぶっ殺してやりたい」「そうなんだ。ぶっ殺してやりたいぐらい腹が立ったんだ」「陰でこそこそ悪口言ってるしさ。すごい腹立つ！」「そうだよね。腹立つよね。そうかあ、だから○君をぶっ殺してやりたいんだ？」と続け、あえて「明日○君に会ったらぶっ殺すの？」と聞いてみるのも手です。「え？　本当にぶっ殺すわけないじゃん。そんなのダメに決まってるでしょ」と、案外冷静な答えが返ってきたりします。

そうした答えが返ってきたら「よかった。何が正しいことかわかっていて、お母さん安心したわ」と言ってあげてください。親に信頼されていることが伝わりますし、「それぐらい腹が立った」という気持ちを受け止めてもらえるだけで子どもは落ち着き、解決策や結論を自分で考えるようになります。

いくら注意しても片付けない

口を酸っぱくして何回も注意しているのに、散らかしっぱなしにするクセが直らない。最近は、「片付けなさい！」と言うと反抗的な態度も見せるように…

何回言ったらわかるの！　リビングには靴下を脱ぎっぱなしのまま置かないでと言ったでしょ！

リビングに置かないことは家族のルールなので、一日放置されていることがわかったら、燃やせるゴミとしてゴミ袋に入れて捨てるよ

スペースに区切りをつけ、ルールには期限を設ける

「何回言っても、片付けをしてくれないんです」という親御さんの声を本当によく耳にします。親子バトルの原因でも上位を占めるのですが、子どもに片付けをさせるための大切なポイントは、「ここはやってもらわないといけないけれど、ここはやらなくてもいい」をセットにして提示することです。

たとえば、「家族が行き来する廊下に図工の時間につくった木の飛行機がポンと放り出されていたら、誰かが気づかずに踏んづけてケガをするかもしれない。そういうことがあるから、共有スペースである廊下には絶対に物を置きっぱなしにしないでね」「でも、あなたの部屋は基本的にあなたしか使わないから、物がゴチャゴチャ置かれていてもお母さんは何も言いません。自分の基準で片付けてください」と、理由と区切りを明確にすると子どもにもわかりやすく伝わります。

まずはこのように、必ず片付けてほしい場所と、親は干渉しない「治外法権エリア」を分けておけば、「子どもが片付けない」のイライラはなくなってい

きます。「治外法権エリア」は子どもの管理に任せることで、自立心を養うことにもつながるでしょう。

「共有スペースは散らかさない、私物を置かない」「自分の部屋は自分自身が管理する」を家族のルールにしたら、子ども部屋がどんな状態になっていようとも親は口出しをしてはいけません。目に余る状態でも我慢です。そこで「自分の部屋、もう少しきれいにしたら？」などと口出しするのはルール違反になり、子どもは親の言葉が信頼できなくなって、言うことを聞かなくなります。

同様に、「共有スペースは散らかさない、私物を置かない」は家族のルールですから、リビングに私物が置きっぱなしになっていたらルール違反として叱って構いません。

その際の叱り方にはポイントがあります。「何回言ったらわかるの！　ここには靴下を脱ぎっぱなしのまま置かないでと言ったでしょ！」と抽象的に叱るのではなく、「一日放置されていることがわかったら、燃やせるゴミとしてゴミ袋に入れて捨てます」と必ず期限・刻限を提示して片付けを促し、「リビングに置かないのは家族のルールなので、誰に対しても適用されます。あなただけではなく、お父さんもお母さんも同じです」と伝えておきます。

もし、脱ぎっぱなしの靴下を発見したら、「明日の17時になっても置いてあったら捨てるからね」「それで履く靴下がなくなったら自分のお小遣いで買いなさい」とだけ伝え、約束が守られなかったら宣言通りに捨てます。

淡々とルールを決め、刻限についても予告しておき、もし約束通りにしなかったら実行する。それだけでリビングに脱ぎっぱなしの靴下が放置されている問題は解決します。もちろん、お父さんであっても、誰であっても、ルールを守れなかったらきちんと対応してください。

その時々でルールが実行されたりされなかったり、人によってルールが変わったりすると、片付け問題は解決しません。親の言動がブレることを子どもはいちばん嫌がります。〝こころの脳〟が発達してきた年代の子ほど、あいまいな言い方と親がブレることに反発を覚えます。

スペースに区切りをつけ、期限を設けて論理的に伝え、ルールはブレずに実行する。この3点を覚えておきましょう。

CASE 22

何に対しても「どうでもいい」と意欲がない

親が何を言っても「どうでもいい」「何でもいい」としか言わず、何に対しても意欲がない。このままだと無気力な人間になってしまうのでは？

NG

そのどうでもいいっていうやる気のない態度は何？
もっとシャンとしなさい！

何も言わなくても、毎日絶対これだけは忘れずにやってくれているよね。本当にありがとう。みんな助かってるんだよ

日常生活で責任をもってやらなくてはいけない役割をつくる

意欲がなかったり、無気力になったりしている場合、まず気をつけて見てあげてほしいのが生活リズム、とくに睡眠の状況です。

〝からだの脳〟〝おりこうさんの脳〟〝こころの脳〟は、言うなれば三位一体です。なかでも心身の健康を司る〝からだの脳〟の働きが十分でないと、残る2つの脳の働きにも影響を与え、意欲や考える力が出てこなくなります。

第1章の36ページでも紹介したように、寝る時間が遅く、睡眠が十分でない子ほど、自分を肯定する気持ちや意欲・やる気がもてず、人との関わりにも積極的になれないことがアンケート調査からわかっています。

小児科学で推奨されている小学生の睡眠時間は10〜11時間。しかし、現実的には難しいため、私は幼児10時間、小学生9時間、中学生8時間の睡眠を確保してほしいとお伝えしています。中学受験、塾や習い事で小学生も忙しくなっていますが、子どもが無気力になっているようだと感じたら、とにかくはやい時間に寝かせてください。

また10歳以降の前思春期の子どもたちは、幼児期の「どこまでいっても自分中心」の自我と異なり、自立した個人として生きていくための「アイデンティティ」とも呼ばれる自我を確立していく時期に入ります。

「親から独立したいけれど、まだ甘えたい」といった相反する気持ち、「大人の言うことはすべて正しいわけじゃない」と思う気持ちなどが生まれ、その複雑な思いから、親の言うことに「別に」「どうでもいい」「何でもいい」といった態度をとることも増えてきます。それが反抗的に見えたり、やる気や意欲のなさに映ったりすることもあります。

他には、小さい頃から親に「あれをやりなさい」とずっと指示を出される状態が当り前となっていて意欲のないケース、親の干渉や介入に疲れてしまっているることが覇気のなさ・やる気のなさにつながっているケースもあります。

いずれにしても「どうでもいい」「何でもいい」になっている子に対して、「そのどうでもいいっていうやる気のない態度は何？　もっとシャンとしなさい！」は、反発を深めるだけで逆効果です。

親がやることはひとつだけ。日常生活でその子が責任をもってやらなくてはいけない役割を意図的につくり、それだけは毎日必ず守らせることです。下のきょうだいのお弁当箱を毎日洗う、朝食をつくる、お風呂掃除とお風呂の準備をする、犬の散歩や猫のエサやりを任せる、植木に水をやるなどいろいろあると思います。

任せる際は「あなたがお風呂の準備をしてくれないと、みんなお風呂に入れないの」「あなたが朝ご飯をつくってくれないと、みんな朝食抜きになるからね」「ジョンの散歩を忘れると、ジョンはずっとオシッコを我慢することになるよ」と、「それをしないと家族の誰かが困ってしまう」ことを伝えましょう。

忘れずにやってくれていたら、「何も言わなくても、毎日絶対これだけは忘れずにやってくれているよね。本当にありがとう。みんな助かってるんだよ」と心からの感謝を伝えることで、子どもは誰かの役に立っている喜びを感じ、自分に自信をつけていきます。「自分はできるんだ」という自信も育ちます。

任された役割を毎日欠かさずやってくれてさえいれば、それ以外のことが「別に」「どうでもいい」「何でもいい」になっていても心配ありません。思春期に向かう子どもの成長を、少し離れた位置から見守ってあげてください。

周りの意見に流されやすい

５年生の子どもが「友だちとゲーセンに行く」と言い出し、その場で猛反対。普段から友だちの言うことに流されやすいので、この先も心配になっている

ゲームセンターなんてとんでもない！　誰が行こうって言い出したの!?　友だちの言いなりにならないで考えて行動しないとダメよ！

OK

そうなんだ、○君に誘われたのね。あなたは行きたいと思ったの？　それはどうして？

どんな思いでいるのかを会話から聞き取っていく

周りの意見に流されやすいというのは、行動や考え方を友だちに合わせているということです。このことをネガティブに捉えれば「人に影響されやすく、自分の意思がない子」ということになりますが、ポジティブに捉えると「人の話を聞けるし、相手に合わせられる子」ということにもなります。

行動や考え方を友だちに合わせてはいても、その友だちの意見、やっていることを自分なりに「よいもの」と考えて行動しているのであれば、自分で考えて選択をして行動できているということです。その場合は、ちゃんと〝こころの脳〟が育っているということですから、親は「この子は周りの意見に流されやすく、自分の意思で行動できないんだ」とネガティブに捉えないようにしましょう。行動や考え方を友だちに合わせることが多いのは、相手の立場に立って考えることができているからかもしれないですよね。

いっぽうで、自分で考えることなく、友だちの言うことを鵜呑みにし、自分で判断や考えることをしないで友だちと同じ行動をとっているというのであれば、〝こころの脳〟がまだ育っていないということになります。そのどちらなのかを親はきちんと会話で聞き取らなければいけません。

「友だちとゲームセンターに行く」という行動も、友だちに誘われたのか、わが子が言い出したことなのかはわからないことです。そこを確認しないで、親が勝手に「この子は流されやすい子だから、きっと友だちに誘われたに違いない」と決めつけてしまうのは、子どもを信頼していないことになります。

聞き取るための会話をスムーズに進めるには、何度も言うように、まずは肯定から入ることが大事です。

子どもが「みんなと一緒に明日ゲーセンに行く」と言ってきたとき、「ゲームセンターなんてとんでもない！　誰が行こうって言い出したの⁉　友だちの言いなりにならないで考えて行動しないとダメじゃない！」と返すと、子どもは何も言わなくなります。

ですから不安や心配は脇に置いて「あら、一緒に行ける友だちがいてよかったね。誰かが行こうと言ってくれたの？」と肯定で返します。そこで「○が行

「そうなんだ、○君に誘われたのね。こうって言ってきた」と返ってきたら、「それはどうして？」「うん」「あなたは行きたいと思ったの？」と、どんな思いで行くのかを聞いてあげます。

そこで本人が自分なりに考えて「楽しそうだから自分も行く」と選択したことがわかったら、やってほしくないことや帰宅時間などの約束事を決めて行かせてあげればよいですし、「本当は家にいたいけど、友だちに合わせないといけないから」や「行かないと仲間外れになるかもしれないし心配」と思って行動しているのであれば、「そうか、そう思っているのね。でも、そうした気持ちでゲーセンに行っても楽しめないと思うんだけれど、どう？」と、子どもが自分で考えて行動を決められるように導いてあげましょう。

「家にいたいけれど、断りにくいんだ」「友だちが怒ったらイヤだし、どう言えばいいかわからない」と言ってきたら、高学年の子であれば、「じゃあ、お母さんの具合が悪いことにしたら？　ウソは基本的にいけないことだけれど、ウソも方便って言って、相手を傷つけないためのウソもあるんだよ」と「ウソも方便」を教えてあげてもいいと思います。

CASE 24

「学校の勉強なんて意味ない」と言い出す

子どもが突然「勉強なんて意味ない。なんで学校に行かなきゃいけないの？」と言い出して、どううまく答えたらよいかわからず困ってしまった

子どもは学校に行かなきゃいけない決まりなの。学校に行って勉強するのは子どもの義務だからよ

親が子どもを学校に行かせることは法律で決まっているの。行かせないと親は法律違反になってしまうのよ

きちんとした正しい論理で返せるように答えの用意を

学校に上がると、どこかの時点で「勉強嫌い。なんで学校は行かないといけないの？」が出てきます。前頭葉が発達していく10歳以降になると、「学校なんて行っても無意味だ。なんで行く必要があるの？」といった聞き方をするようになり、的確な答えが出せない親御さんも少なくありません。

論理的思考ができてくる年代の子は、「行かなきゃいけないからに決まってるでしょ！」「それが決まりだからよ」といった答えには納得しないものです。けれどもこうした返し方をしてしまう親御さんは結構います。

10歳になると屁理屈で対抗してくるようになるので、論理的に筋が通らない答え方をすると子どもに突っ込まれます。それに嫌気がさして最後は親が感情的に抑え込むといったやり取りが増えると、子どもが親をバカにするようになるなど親子関係にも影響します。

「学校にどうして行かないといけないのか」は子どもから割合と多く出てくる質問なので、いつか来るであろうことを想定し、どう答えるか、答え方を用意しておくとよいでしょう。

親の答えはそれぞれでよいと思います。

自己肯定感に価値をおいて「いろいろな友だちや先生と関わることで人間関係を学ぶため」もいいと思いますし、社会性の取得という論理で「学校にはいろいろな人がいて、社会に出てからの人との関わり方を学べるからだよ」もあるでしょう。

「勉強は生涯にわたって大切になるものだから、勉強の楽しさと大切さを知るためだよ」もありですが、「でも勉強は嫌いだし、おもしろくない。だから行きたくないんだ」と言われる可能性があるので、その先の答えも用意しておく必要があります。たとえば「小学校と中学校は義務教育だから」などです。

ただし義務教育は「子どもが学校に行かなくてはならない義務」ではありません。ここは多くの方が間違いやすい点です。「あなたには学校に行く義務があるのよ」という言い方は正しくない知識を入れることになってしまいます。

義務教育の「義務」とは、「親が子どもを学校に行かせる義務（就学義務）」

です。学校教育法で定められていて、違反すると10万円以下の罰金に処せられることがあります。

ですから義務教育であることを答えにするなら「学校教育法という法律で、親は子どもを学校に行かせなくちゃいけないと決められているの。これを就学義務と言うんだけれど、もしあなたが学校に行かなくなると、親は就学義務違反という法律違反をしていることになって、罰金を払わなくてはいけなくなることもあるんだよ。だからあなたは学校に行かないといけないの」と正しく教えてあげましょう。

子どもの疑問や質問に大人が正しい論理展開で返してやることは、脳育てのうえでも、親への信頼を損なわないようにするためにも大切です。

親が論理で答えることで、子どもは論理的な考え方や人への伝え方を知識として学ぶことができます。それは将来の人との関係づくりにも活かされますし、何か困ったことやトラブルに遭遇したときにも役立ちます。

ウソをつく

子どもがひとりで留守番したあとに、家計用財布からお金がなくなることがちょこちょこ発生。聞いても「知らない。パパじゃないの」と言われて…

あなたしかいないじゃない！　知らないなんてウソつかないで、ちゃんと言いなさい！　ウソは絶対にいけないのよ!?

OK

お母さんはそんじょそこらの探偵より賢いので、だまそうと思ってもムダよ

正論でガンガン叱るより「ウソをついてもムダ」と思わせよう

お金の価値がわかる年齢になってくると、こういうことは起こります。たずねても「知らない。パパじゃないの？」とウソをつかれると、親としてはショックだし悲しいですね。しかし確証がない以上は問い詰めたり、叱ったりはいけません。刑法もそうですが、証拠がない限りは原則「推定無罪」です。

手の届くところにお金を置いていればとりたくなります。ですから、そもそもはそういうところに財布を置いている親が悪いのです。

今後そういうことがないようにするには、親がしっかり財布の中のお金を管理していることがわかるよう、たとえば日付と残高をメモして財布に入れておくなどしましょう。家計用財布であれば、家族の誰が使ったとしても、レシートとともに何に使ったかを財布の管理者であるお母さんに報告するシステムにしておきます。

子どもがお小遣い以外で必要なものを買ったときは、「1000円ここから持っていって、300円でノートを2冊買ったから、お釣りは700円でレシートはこれです」と使ったその日に報告させて、経済教育としてきっちりやっておくことが必要です。

それができていれば「1000円減っていてレシートもないし、仕方ないけど、消えた1000円はあなたがお小遣いから補てんするしかないね」と言えます。そんなことを1回でも経験すれば、子どもも面倒くさくなってウソをついて抜き取るようなことはしなくなっていきます。

子どもは多かれ少なかれウソをつきます。叱られたくない気持ちからウソをつくこともありますし、心配をかけたくない気持ちからのときもあります。

ウソがばれたとき、「どうしてウソをついたの?」とたずねるぐらいはOKですが、ウソをついたことそのものを「なんでウソをつくの! ウソつきは誰からも信用されないよ!?」と執拗に叱るのはよくありません。それよりも「ウソはお見通しだからね」がオーラで伝わるようにしておくほうがいいのです。

たとえば稚拙(ちせつ)なウソをついたときに、「出かけるまで3個あったのに、2個しかないということは、幽霊がとったのでもない限り、犯人はあなたしかいない。どう?」とロジックで詰めて、「お母さんは推理小説も好きで、そんじょそこらの探偵より賢いので、ウソでだまそうと思ってもムダよ」を小さい頃から繰り返しておくと、子どもは「ウソをついても絶対ばれる」と諦めて、叱らなくてもウソは減っていきます。

ウソがわかると「ウソは絶対にいけないものだ」との正論で親は厳しく叱りがちですが、「ウソも方便」のようにウソが人を救うこともありますよね。

正論だけでガンガン叱れば、子どもは本当のことが言いづらくなり、かえってウソをついて隠すことが増える可能性もあります。とくに思春期以降は「親に余計な心配をかけたくない」気持ちからのウソも増えていきます。

親子の信頼関係がそれまで以上に大切になってくる時期に、親に本当のことが言えなくなる状況をつくってしまうのは深刻です。自己肯定感を大きく育てていくべき年代に、親から心理的な援護を受けられなくなるからです。

成長するにつれ、「親にウソをついていて、たぶん自分のウソはばれている。でも親は何も言わずに見守ってくれている」と思えることが子どもにとって大事になってくる場面が出てきます。そのことも忘れずにいてください。

コラム やってみよう！
子どもに伝えたいことが届く 声トレ3

伝わる声は感情をこめない明るく高めの声

子どもにどうしても伝えたいことが伝わらない、と悩んでいる方の話を聞くと、内容は全く問題ないのに実は伝えている声が「低くて暗い」ということだけが問題だったということがよくあります。そんなときは、いつも出している声より1～2音高めの声を出すように意識してみてください。急に子どもが反応するようになります。

また、声には感情をこめないのもポイントです。とくにネガティブな内容を伝えるときは、感情がこもってしまうと、声が低く暗くなり、早口にもなりやすくなります。感情はちょっと脇に置いておいて、高めの明るい声で伝えるようにしましょう。とくに語尾は下がりやすくなるので、注意が必要です。

同時に「声トレ1（44ページ）」で紹介した「キャッチボールで声トレ」を意識して声を出すと、より伝わりやすくなりますよ。

親が変わると子どもの自己肯定感も変わる

心配・不安・怯えに乗っ取られていませんか？

親の自己肯定感が低いと子どもも低くなる

子どもの自己肯定感を高めてあげたいと考えていても、子どもの自己肯定感は親の働きかけと言葉かけ次第。肝心の親自身の自己肯定感が高くなければ、子どもの自己肯定感も育っていきません。

私は「子育て科学アクシス」という専門家団体を立ち上げて、現在、子育てをしている親御さんや若者、子どもの支援を行なっています。さまざまな子育ての悩みをもった方が相談やカウンセリング、ワークショップに参加するためにいらっしゃいますが、悩めるお母さんたちの自己肯定感を測ると、やはり低い方が多いのです。

自分については「そこそこＯＫ」と思えていても、他者との関わりとなると評価が低い。こうした傾向が全体的に見られます。

他者との関わりにおいて評価が低いということは、突き詰めていけば人との付き合いに不安や恐怖を感じやすいということになります。

「人はどう思っているのか」「人の目にはどう映るか」が気になって、「自分は自分でいい」と行動できなくなると、子育てでも人と比べるようになり、「どうしてちゃんとできないの？」と子どもを叱ることも増えてきます。

人の意見や商業主義的な育児情報に流されて子育ての軸が定まらず、子どもの成長に本当に大切なことが置き去りにされたりもしてしまいます。脳育ての1階部分をしっかりつくるより、2階部分の拡充に重きを置いてしまう子育てになっていくのがこのパターンです。

また親御さんが人との関わりに恐怖を感じていれば、子どもが他者と関わる機会も減り、真の自己肯定感を育ててあげることはできないでしょう。

人の目が気になると「人から攻撃されないように」との思いも強まります。そこから子どもを必要以上に囲い込んで過干渉気味になったり、自分の子どもが不利益をこうむって「かわいそう」な思いをしないよう目を光らせたり、「これでは子どもの自己肯定感は育たない」ということを親自らがやってしまうことになりがちなのです。

「親もちゃんと寝る」。ここからがスタート

こうした自己肯定感の低い親御さんたちの特徴は、「不安」「心配」「怯え」が強いことです。そしてもうひとつ共通しているのが「睡眠が圧倒的に足りていない」ことです。

全般的に日本のお母さんたちは、家事、育児、家族の世話、仕事で睡眠不足気味です。

ワークショップのお母さんたちに聞いても、夜なべして子どもの持ち物に名前をつけたり、子どものための翌日の準備を遅くまでしていたり、お弁当の下準備や持ち帰った仕事をしたり、みんな遅寝です。就寝時間は夜中の1時で、翌日は5時半起きといった生活を続けています。

睡眠不足は体の調子だけでなく、心の調子も崩します。睡眠が足りていない

と、精神を安定させる作用がある脳内物質「セロトニン」の分泌が悪くなり、不安や落ち込み、イライラが増してしまいます。

子どもの些細なことが気になって心配でたまらなくなる、ママ友のあの人に嫌われているのではないかと不安になる、子どものちょっとしたことにイライラして叱ってしまう、自分はダメな親だと思って落ち込んでいく——。

子どもに過干渉になったり、叱ってばかりだったり、自分を過度に責めたりするのは睡眠が足りていないからに他なりません。ですから子どもの自己肯定感を高めていきたいなら、まずは親自身がしっかり寝ましょう。必要以上に「不安」「心配」「怯え」にとらわれることが減っていきます。

生活スタイルを変えるのは大変かもしれません。「せめてパパが帰ってくるまでは起きていないと」といった気持ちも働くかもしれません。そこを乗り越えて、「家族みんなのために、私ははやく寝ます」と宣言し、しっかり眠る生活に変えてみてください。お母さん自身の自己肯定感がアップし、子どもに対しても、人間関係の悩みも「まあ、いいか」「こんなもんだよね」と思えるようになっていきます。

「子どもと家族のために頑張らなきゃ」という自己犠牲の精神は、かえって子どもや家族のためになりません。それよりも寝ることを大切にしたほうが、家庭の中が明るくなり、子どもや家族にとってもプラスです。

心の調子が上がって笑顔も出るようになるでしょう。親の笑顔は、子どもの自己肯定感を育てるうえで不可欠です。

笑顔が出ると自分も子どもも変わる！

自分自身の自己肯定感を高めるには、自分を愛せることが基本のキです。

「子育て科学アクシス」のワークショップでは、「自分が大好きになるワーク」というものを行なっています。自分のありようを自分で愛せないと自己肯定感も高まりません。「自分って案外イケてるじゃない」と自分で自分をほめられるぐらいになると、自然と自信がついて、いろいろなことに「まあ、いいか」「大丈夫でしょ」と思えるようになります。

ちなみにわが家では、家族全員が「自分ってイケてる」と思い込んでいます。出かけるときなどは、家の中で家族以外に見られないことをいいことに、鏡の前で「ちょっとこの髪型見て！　マダムって感じじゃない？」「いやあ、このジャケット、俺にすごく似合ってるよなー」「ねえねえ、私って脚長いよねー」とそれぞれのイケてるアピールが始まります。もちろんアピールに対しては、「すごくいいね」「似合ってるねー」とほめ合うことも忘れません。

これぐらい自分をほめられるようになることが、自己肯定感を高めるひとつの秘訣でもあるのです。

その手始めとしてワークショップでは、鏡を渡し、まずは自分の顔でいいところを探して言葉に出してもらうことをしています。

最初はみなさん「エーッ」ですが、しばらくすると「切れ長の目がいい」「耳たぶの形が自分でも好き」「私の唇の形、ちょっと色っぽいかも」など、いいと思うところが出てきます。

次につくってもらうのが笑顔です。この笑顔がつくれない、笑顔を出せない方が今はじつに多いのです。笑顔をつくっているつもりでも、笑顔になっていない方が案外いらっしゃいます。

笑顔の効果はみなさんもご存じでしょう。笑顔があると、それだけで人は打ち解けます。海外の初めての街で何となく不安なとき、すれ違った人から笑顔で挨拶されると安心を覚えたりしますよね。笑顔は言葉の壁を超えた世界共通のコミュニケーション方法であり、それだけ笑顔のもつ力は偉大なのです。

笑顔の多いお母さんの子は、子ども自身も笑顔が増えますし、それだけで子どもの心は安心・安定します。それに笑顔をつくると、セロトニンがいっぱい出て、とにかく自分自身の気持ちが変わります。私は、笑顔が親御さん自身に変わってもらう最も効果的な方法だと思っています。

鏡をじっくり見ながら、自分の外見のいいところ探しをして、「自分って結構イケてるじゃない」と自分で自分をほめ、さらに笑顔をつくるトレーニングをしてみてください。

よい笑顔をつくるには練習が必要です。それには最初に表情筋をマッサージしておくのもよいでしょう。マッサージで顔の筋肉がほぐれると気持ちもほぐれますから、とびっきりの笑顔がつくれるようになるはずです。

やってみよう！
表情筋マッサージ

マッサージのポイント

・しっかりと筋肉をもみほぐすため、少し痛いくらいの強さでマッサージしましょう
・親指はあごの裏で顔を支えるように

① 咬筋マッサージ

両手を頬にあて、頬骨からあごにかけて咬筋をほぐす。
・歯を食いしばったときに硬くなるところが咬筋です。

② おとがい筋マッサージ

両手をあごにあて、下唇からあご先までのおとがい筋をほぐす。

③ 大頬骨筋・
小頬骨筋マッサージ

両手を頬にあて、頬の高い位置から上唇まで、押しながらマッサージする。

④ 眼輪筋マッサージ

机に両肘をつき、目の周りの眼輪筋を軽く押す。
・もみほぐさないこと！

⑤ 前頭筋マッサージ

机に両肘をつき、眉の上から頭頂部に向かって、引き上げるようにマッサージする。
・指の位置を少しずつ上方に移動させていく

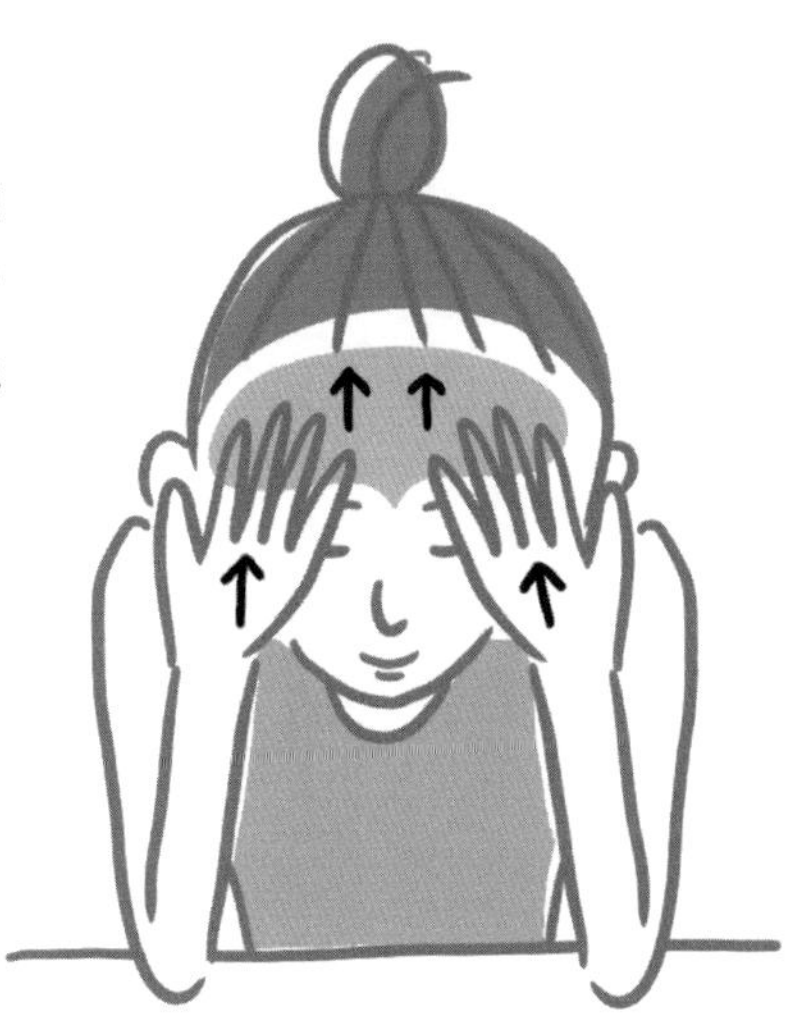

⑥ 首と鎖骨上窩マッサージ

耳の下から鎖骨の中心まで、鎖骨中心から肩までをさするようにマッサージする。
・老廃物を流すイメージで

ネガティブからポジティブにシフトチェンジを！

ラベル替えでネガティブをポジティブに

自己肯定感が低いと上手になるのが「ダメなところ探し」です。いいところよりも、できないところ、ダメなところに気持ちや目が向いてしまい、ますます肯定できなくなっていくという負の循環ができてしまいます。

子どもの個性や脳の育ちが見えなくなって、些細なことにダメ出しが増えてしまうことでしょう。そんな自分にも「親としてダメ」とダメ出しをしてしまい、ますます自己肯定感を失っていくということが起こります。

すぐには難しいかもしれませんが、ネガティブに思ったことは、極力ポジティブに変えていく作業を意識していきましょう。たとえば、次のようにネガティブをポジティブにラベル替えすることもできます。

じっとしていない▼エネルギッシュな子なんだな
生意気で困るわ▼意志を通す子なのね
喋(しゃべ)り過ぎてうるさい▼情報発信力がある
口下手でイヤになっちゃう▼聴き上手な子なんだな
引っ込み思案だなあ▼慎重に状況が判断できる子なんだ
本当に頑固なんだから！▼信念が強いのね
なんて短気なの▼思いをストレートに表現できる子なんだわ
忍耐力がない▼切り替えがはやいのね
ノーと言えない▼相手に寛容
暗いところがある▼物静かな性格
人見知りする▼感受性が高いのね
手を挙げて発言できない▼深く考えているのかも
すぐに答えが出ない▼じっくり考えているのかも
走り回ってうるさい▼めちゃくちゃ楽しいんだ！
いつもひとりぼっち▼自分の世界をもっている

いかがでしょうか？　捉え方をポジティブに変えるだけで、すごい個性や才能をもった子に思えてきませんか？　子どもを肯定できて、子どもへの言葉かけも変わっていくはずです。

ラベル替えは、親御さんが自分自身への見方を変えるのにも有効です。「どうして私ってこうなんだろう」と思っている部分があったら、それを紙に書き出して、ポジティブな表現に置き変えてみてください。

・おっちょこちょいで早とちり↓　いろいろなことに気が回る
・怒ってばかり↓　正義感が強い
・気がきかない↓　細かいことにとらわれず大らか

こんなふうに考えていくと、欠点のように感じていたところが長所に変わっていくと思います。自分にちょっと自信がもてるようになるのではないでしょうか？

「おかげさまで」が親子を救う？

毎日が忙しいとイライラしやすくなります。イライラが増えると、とかく「自分はこんなに頑張っているのに」という被害者的な気持ちから、相手が協力してくれないことに不満をもつことも多くなります。

また相手の小さいアラや欠点も目について、出てくる言葉もとげとげしいものになりがちです。言わなくていい余計なひと言をぶつけてしまうことにもなります。

そうなると家庭の中がギスギスして子どもの成長にも影響してきますし、とげとげしい言葉を子ども相手にぶつけてしまうと、自己肯定感を損なってしまうことにもなりますね。

そこでネガティブな感情をポジティブに切り替えていけるよう、「おかげさまで」をつけてみるということを試してみてください。

たとえば、

「餃子が食べたいって言うから、わざわざ買い物に行ったのに、やっぱりスパゲッティがいいと言い出した！　それだったら買い物に行かなくてよかったのに！　まったくもう！」と思ったら、「まあでも、おかげさまで冷蔵庫のストックが増えたわ。ロールキャベツにもできるしね」と思い直す。

「パパは残業ばかりで家のことを何もやってくれない。私ばっかり大変！」と思ったら、「でも、その分休日は子どもといっぱい遊んでくれるし、おかげさまで子どもたちもパパが大好きだから、まあ、いいか」と思ってみる。


「これってこじつけかも⁉」でいいのです。無理やりにでも「おかげさまで」をつけてみると、何となく「〇〇だからありがたい」と思えるようになったりします。

「おかげさまで」を意識していると、だんだんポジティブに考えるクセのようなものが身についてきます。子どもが失敗したり、落ち込むようなことが起こったりしたときも、「でも、おかげで〇〇できるじゃない？」と言ってあげられるようになります。

親が日頃から「おかげさまで」をつけて言葉を口にすることで、子どもの中にもしみ込んでいきますから、何かあったときもポジティブに考えられる子になります。「おかげさまで」は、ネガティブワールドから親子を救ってくれる魔法の言葉なのです。

怒りはマイナスに捉えなくていい

子どもの言動にイラッとして、ついつい叱り過ぎてしまう、怒ってばかりいるという親御さんは少なくありません。「子どもを怒らない親になるにはどうしたらいいでしょうか？」と私もよく聞かれます。

でも、怒らない親になる方法はありません。なぜなら「怒り」とは人の自然な感情だからです。人間である以上「怒らないでいる」こと自体が難しいのです。

怒りの感情は、動物全般に備わっている原始的な脳〝からだの脳〟から生じますが、それには理由があります。怒りは、自律神経の交感神経を活発にして体の状態を臨戦態勢に変えます。これは闘うにしろ逃げるにしろ、迫る危険に即座に対応できるようにするための不可欠な反応です。

怒りはこのように、そもそも個体の生命を守るために備わっているものです。情動反応のひとつであり、それ自体は悪いものでもよいものでもありません。人間も動物の一種ですから、怒りをもつのは自然なこと。カッときてしまうこと自体を悪いことと考える必要はないのです。

さらに人間は、怒りを感じても、その怒りの感情のまま行動することはしません。なぜなら前頭葉が理性でコントロールするからです。

子どもがよそ見をしてジュースをこぼしたとき、カッとなっても「いや、待て待て、ここで感情的に叱ったらよくないよね」と感情を抑えることができるのは、前頭葉の働きによるものです。

「怒らない親」になることはできませんが、前頭葉があることで、「怒り過ぎない親」になることはできるのです。

もし「自分は怒ってばかりいる。どうにかしたい」と考えているなら、怒り過ぎない親になることを目指しましょう。

そのために知っておくとよいスキルが「アンガーマネジメント」です。

アンガーマネジメントを覚えておこう

アンガーマネジメントは、「怒るべきところは怒り、怒る必要のないところは怒らない」ように、イライラや怒りの感情と上手に付き合い、コントロールする方法です。

このスキルを知っていると、感情的になって叱ることが減っていき、怒り過ぎてしまったことに対する後悔や自己嫌悪も減って、「こんな自分はダメな親だ」と思う気持ちも少なくなります。

基本のスキルはシンプルです。

カッと頭に血が上ったら、まずは数を「イチ、ニ、サン、シ……」とゆっくり6まで数え、深呼吸します。

じつは感情をコントロールしている前頭葉は、突発的に発生する怒りの感情に、すぐには対応できません。「怒りの発生」から「理性の発動」にはズレがあり、その時間差は6秒です。つまりイチからロクまでゆっくり数を数えることで、前頭葉の働きを待つわけです。

その他「子育て科学アクシス」では、6秒間でできることとして、

・唾を2回ゆっくり飲み込む
・100から3ずつ引いて数える
・「ストップ!」と心の中で唱えて思考を停止する
・その場にある物に注目して、それについて考える

などを紹介しています。

それでも怒りがおさまらないときは、思い切ってその場を離れましょう。

・トイレにこもって怒りが鎮まるのを待つ
・キッチンに行って冷たい水を1杯飲む
・外に出て深呼吸して新鮮な空気を吸い込む

こうしたことを試してみてください。時間が経つうちに怒りの感情がおさまっていきます。

リラックスできる自分だけの趣味をもつ

「子育てが趣味」はリスクが多い

ストレスが解消できていないとイライラが高まり、セロトニンの分泌が悪くなって不安や心配、怯えが消えない状態になってしまいます。

アロマを焚く、好きな音楽をかける、ストレッチをするなど、ストレス解消につながるリラクゼーションを生活の中で大事にしていきましょう。

並行して、ぜひ趣味をもつようにしてください。

親御さんたちに趣味は何？　と聞くと、多くの方が「趣味？？　……強いて言えば育児かな……？」などと答えます。これは本当にまずいと思います。

「子育てだけが楽しみ」になってしまうと、全精力が子どもに向けられてしまいます。子どもはたまったものではありません。

過干渉な親のもとでは子どもの自己肯定感も育たず、親離れ・子離れができないまま成人し、40歳、50歳になっても自立できないといった状態にもつながります。育児ほどリスキーな趣味はないのです。

脳の成長に合わせて上手に子どもを手放していけるよう、親も自分だけの楽しみ、やっていてワクワクし、夢中になれる何かを見つけておきましょう。ドライブに行く、映画や舞台を観に行くなど、ひとりで楽しめるものでも、家族と一緒に楽しめるものでもいいですし、ガーデニング、メダカ飼育など、何かを育てるものもいいと思います。手芸や写真などアート系もお勧めです。

時間を忘れるほどやっていて楽しい趣味があると、自分の時間をすべて子どもに注ぎ込むことをしなくなります。ストレスが解消できて親自身の心が元気になり、笑顔がたくさん増えて、ポジティブにもなれるでしょう。親の笑顔が増えれば、子どもの笑顔も増えます。

子どもは常に親の姿を見ています。親がキラキラした笑顔で楽しんでいる姿を見せ続けることだけでも、子どもの自己肯定感育てになるのです。

声の出し方を変えるだけで子どもの反応も変わる

声のトーンを高くすると言葉が届きやすくなる

子どもは言語が出てくる前、赤ちゃんの頃から、お母さんの目を見て、口の動きを見て、音を聞いています。親子のコミュニケーションはそこからスタートしているため、子どもはいくつになっても親がどんな顔をして、どんな音で話しかけてくるか、とても敏感に感じ取っています。

たとえば子どもを叱っているとき、「ちゃんと聞いているのかしら?」と感じることはありませんか?　その感覚は間違っていません。

ワアッと激しく怒られた子にあとから聞いてみると、「お母さんが怒ってたのは覚えているけれど、何を言われたかは覚えていない」と言います。つまりお母さんが必死になって叱っても、子どもには何も伝わっていないのです。

イライラしていたり、怒っていたりするとき、声にはそのイライラや怒りの感情がいっぱいに詰まっています。表情も怖いですよね。すると子どもは、お母さんの顔をちらりと見て、発する声を聞いた瞬間、親の言葉に注意を向けなくなってしまうのです。

でも同じ叱り言葉でも、声のトーンを上げて、笑顔で言ってみると、子どもは親の言葉にスーッと注意を向けることができるようになります。

試しに「どうして宿題しないの?」を、笑顔でいつもより1、2音高い声にして子どもに言ってみてください。子どもの反応がきっと違うはずです。

実践した親御さんによると、今までは「うるせ〜な」しか返ってこなかった反応が「そんな言い方されたら、反抗できなくなる」と言ってきたそうです。

言葉かけは明るくポジティブなほうがうまくいく

同じ言葉でも、声の大きさ、高さ、はやさ、表情によって、子どもへの伝わり方はまったく変わってきます。

「どうしてまだ宿題やってないのかな」「塾のプリントは終わったの」も、「散らかしてばかりだよね」「運動はまったくできないもんね」も、にこにこ顔で、トーンを高くし、子どもに向かって言葉を飛ばすイメージで声を発すると、ネガティブなことを言っていても子どもはポジティブに受け止めます。そこに「愛」を振りかけてあげると、どんな言葉も子どもに届きます。

私は子育てがうまくいっていない方と、ほとんど悩まないで子育てができている方との違いは、顔の表情や声の出し方だけではないかと思っています。

滑舌（かつぜつ）や喋り方の個性は人それぞれありますが、うまくいっていない親御さんは、目が合わず表情が暗かったり、口をあまり開かず声が沈んでしまったりして、「これだと子どもには届かないだろうなあ」と感じさせる方が多いのです。

子どもが落ち着かないときや、「絶対やめさせなければならない」という場面では、低い声でゆっくり、落ち着いて伝えるほうが伝わりやすいのですが、子どもへの言葉かけは、基本的に明るくポジティブなほうがうまくいきます。

子どもに届く声が出せるように、ぜひコラム（44、88、１９０ページ）で紹介している「声トレ」をやってみてください。驚くほどみなさんの声も、子どもの反応も変わりますよ！

〈著者紹介〉
成田奈緒子（なりた・なおこ）
小児科医、医学博士、公認心理師、文教大学教育学部特別支援教育専修教授、日本小児科学会認定小児科専門医・発達脳科学者、「子育て科学アクシス」代表。神戸大学医学部卒業。1994年から1998年まで米国セントルイス・ワシントン大学医学部留学。獨協医科大学越谷病院小児科助手、筑波大学基礎医学系講師を歴任し、小児科の臨床と基礎研究に従事。2005年より現職。代表を務める「子育て科学アクシス」では子どもの不登校などで、育児に自信をなくして途方に暮れている親やひきこもりなどの本人を、医療を超えたアプローチ法でサポートしている。

子育て科学アクシス　http://www.kk-axis.org/

編集協力　八木沢由香
装幀・本文イラスト　野田節美
装幀デザイン　小口翔平＋畑中茜（tobufune）
本文デザイン・組版　朝日メディアインターナショナル株式会社

発達脳科学者が教える
子どもの自己肯定感は親のひと言で決まる！

2021年1月21日　第1版第1刷発行
2023年11月21日　第1版第5刷発行

著　者　成田奈緒子
発行者　村上雅基
発行所　株式会社PHP研究所
京都本部　〒601-8411　京都市南区西九条北ノ内町11
〔内容のお問い合わせは〕暮らしデザイン出版部 ☎075-681-8732
〔購入のお問い合わせは〕普及グループ ☎075-681-8818
印刷所　大日本印刷株式会社

ISBN978-4-569-84880-8